LA NUIT DE MAYERLING

DU MÊME AUTEUR

MAMAN LA BLANCHE. Roman (Albin Michel.)
TANT QUE LE JOUR TE PORTERA. Roman. Prix Bourgogne. (Albin Michel.)
LA VIE LA VIE. Roman. (Albin Michel.)
MARGUERITE DURAS OU LE TEMPS DE DÉTRUIRE. (Seghers.)
ANTHOLOGIE DE LA POÉSIE FANTASTIQUE FRANÇAISE. (Seghers.)
BONAVENTURE. (en collaboration avec Bona de Mandiargues). (Stock.)
AMORE VENEZIANO. Roman. (Stock.)
VIVRE EN POÉSIE, entretiens avec Eugène Guillevic. (Stock.)
INTRODUCTION AU JOURNAL DE MA VIE DE THÉRÈSE D'AVILA. (Stock.)
ALGER L'AMOUR. Récit (Presses de la Renaissance.)
ÉTAT DES LIEUX. Nouvelles. (Presses de la Renaissance.)
HÉROS MYTHIQUES D'UNE GÉNÉRATION. Nouvelles. (Éditions Hemsé.)

ALAIN VIRCONDELET

LA NUIT DE MAYERLING

PLON
8, rue Garancière
PARIS

ISBN 2-259-01425-9

A Danielle Darrieux
l'inoubliable Mary Vetsera.

Nous aurons des lits pleins d'odeurs légères,
Des divans profonds comme des tombeaux...

Charles BAUDELAIRE
La Mort des amants

Prologue

C'est comme partout et toujours. Le temps, féroce, use ses crocs sur tout ce qui est parvenu à naître : les saisons succèdent aux saisons, les forêts de sapins qui recouvrent ici la terre d'une peau verte, presque bleue, défont les routes et les sentiers où passaient, autrefois, les bêtes et les cavaliers, les coupés et les victorias, les pluies ravinent les vallons et pourtant l'incroyable impression que rien n'a bougé : les bois épais où criaillent des animaux, le soleil à peine tiède qui n'arrive pas à percer la résille sombre des branches, l'hiver, la neige, implacable, qui ferme l'horizon entier comme une chape blanche; Vienne, au-dessous, dans la plaine sinueuse et grasse du Danube, veille jalousement sur ses grâces baroques, Baden, tout proche, cultive ses roses, repeint chaque année les façades de ses palais du même jaune Schönbrunn et dans ses kiosques à musique, dès le printemps, des violons, nerveux, rejouent les mêmes valses.

Et cependant, quand on quitte Vienne, ses casinos et ses bâtiments néoclassiques, du côté de la Helenenstrasse et qu'on s'engage dans les lourdes forêts du Helenenthal où Beethoven, bruissant de notes, aimait à se promener, on arrive à un hameau calé entre les bois; en prolongeant le chemin carrossable, on arrive à un carmel où des cloîtrées, inlassablement, chantent et prient.

C'est Mayerling.

Des autobus à deux étages, avec air conditionné, harnachés de fauteuils pullman, ivres de musiques tyroliennes rendent la vie impossible aux herbes des talus et aux branches des sapins qui bordent la route. Des touristes, encore des touristes, indécents et curieux, posent sans cesse aux sœurs tourières les mêmes questions. Impassibles, elles disent qu'elles « prient pour l'archiduc qui est mort ici ». Elles disent encore que « tous les récits qui mettent le ton sur l'affaire d'amour ne sont pas fondés ».

On pousse un peu plus loin, incrédule, jusqu'à l'église expiatoire, gothique et austère, élevée là même où périrent Rodolphe et Mary Vetsera. Des images d'étreintes amoureuses, du sang, des baisers et des roses traversent la tête des touristes. Bien que chaque nouvelle carmélite soit instruite que l'archiduc Rodolphe a été « tué » ici, l'on ne peut s'empêcher de penser aux légendes amoureuses qui courent, de sorte que l'air y est sans cesse empoisonné.

De Mary, personne ne parle. Y eut-il même jamais de Mary Vetsera dont le corps croupit pourtant, depuis l'hiver glacial de 1889, dans le petit cimetière de Heilingenkreutz, un peu plus haut, à l'ombre d'un autre monastère où sonnent à heures régulières les temps d'oraison ?

Non, décidément, ici, à Mayerling, quand viennent les touristes, rien n'est comme avant.

Mayerling n'est pas Mayerling quand le printemps et l'été font fleurir les balcons des chalets de géraniums lierres qui retombent en brassées vertes et rouges le long des festons de bois des vérandas, quand les guinguettes des hameaux voisins grouillent de monde sous les treilles et les pergolas, quand la lumière du soleil éclaire la forêt et lui donne des verts tendres et accueillants.

Il faudrait plutôt de la neige qui assomme en s'affalant les bois environnants, la lourdeur des sapins écrasés de flocons, l'immense présence de la forêt, inquiétante, quand arrive et s'installe l'hiver, bouclant le paysage tout entier, ramassé sur lui-même. Il faudrait encore que le froid et le givre ne cèdent jamais aux éclats pâles du soleil qui cherche à percer le ciel bas de nuages, qu'ils fassent claquer la terre nuit et jour comme les balles des chasseurs isolés qui s'aventurent jusqu'ici. Ainsi pourrait-on s'imaginer comment tout dut se passer, durant ces deux jours de janvier 1889 dont aucun témoin ne vint trahir l'opaque silence.

L'histoire de Mayerling peut commencer quand les rafales de neige boutonnent à jamais le paysage. Le pavillon de chasse sombre et de briques sales, aux fenêtres tendues de courtines de velours rouge, semble accablé par le froid. Alors les amants peuvent aller seuls à leurs noces sanglantes.

1

« Unis dans l'amour comme dans la mort... »

C'est donc l'hiver. Le 28 janvier de l'hiver 1889. Après la fourche de la route d'Alland à gauche et de celle de Heilingenkreutz à droite, s'ouvre le domaine de Mayerling. Il semble clos. Peu de voitures d'ordinaire l'empruntent. La route s'engouffre entre des forêts de sapins épais où personne ne peut pénétrer. Seuls les gens de l'archiduc passent la muraille des sapins. Pas même la police impériale n'a le droit de la dépasser. Il y a des bruits d'arbres et d'animaux, des mélanges de sèves et de sang qui parcourent fébrilement la chair de la forêt. Ce sont là les seuls vrais bruits de Mayerling. La ligne de l'horizon est coupée par la multitude des sapins et dans l'opacité du brouillard et du ciel lourd de neige, on distingue à peine les toits gris du pavillon de chasse.

La forêt pèse sur la terre du domaine. Partout les arbres et après les routins recouverts de glands ou de pignons de pins, il y a encore des arbres. Personne ici ne franchit la limite des bâtiments. Surtout en hiver quand la forêt veut appartenir à elle seule, protégeant son gibier dans les tanières, dans des creux recouverts de mousse et de neige, dans les échancrures des rochers où reposent comme morts, des faisans et des lièvres.

Quelquefois, on entend claquer des balles. C'est quelque chasseur caché dans l'épaisse forêt et le bruit des balles rebondit dans les vallons, inquiète les bêtes.

Quand l'archiduc Rodolphe vient à Mayerling, les bois sont en haleine. Sur la neige, le sang des animaux qu'il poursuit gagne les cristaux, s'y infiltre et ils crépitent en se désintégrant sous la chaleur de ce sang qui, tout à l'heure, circulait souplement dans les corps assoupis ou galopait dans ceux qui étaient pourchassés et dont l'engourdissement de l'hiver avait rendu la course maladroite et moins sûre.

On ne ramasse pas les oiseaux qui ont eu l'idée malchanceuse de tomber des nids ou de s'ébrouer à la cime des sapins, on les abat pour le plaisir et par ennui, de sorte que souvent, bouvreuils et fauvettes, qui ont servi aux jeux de cible de l'archiduc, jonchent la neige. On peut aussi surprendre aux traces qu'ils laissent sur le sol le galop des biches et des cerfs que la neige épaisse fait ralentir, un galop lourd qui fend les bois et le pelage des bêtes haletantes se frange de neige et de sang, griffé par les branches cassantes.

Il y a aussi la cavalcade furieuse, enragée, du sanglier surpris dans sa bauge qui piétine les buissons de houx, écrase sur son passage des nichées d'oiseaux et de fouines, assommées sous ses pas et l'ivresse tranquille des poursuivants n'a qu'à suivre les traces inscrites dans la neige meuble.

Cela fait deux jours que Loscheck, le valet de chambre de Rodolphe a été dépêché à Mayerling avec Mall, la cuisinière et Kathie, la fille de cuisine. Deux jours qu'ils essaient de rendre vie et lumière au pavillon de Mayerling, englouti sous le froid et le givre, accueillent les berlines chargées de nourriture et celles, lourdes de roses, cueillies tout exprès dans les serres de Vienne et de Baden. A bride abattue, elles ont traversé les forêts de sapins, de hêtres et de chênes, suivi le long et sinueux chemin de terre, recouvert de verglas et quand elles longeaient les bois, les branches, giflées par la vitesse, poudraient l'air entier de neige, ébouriffaient l'ordonnance muette de la forêt. A l'intérieur des voitures, la lourdeur des parfums de roses s'échappe des cartons qui les contiennent. Il y a même quelque chose d'écœurant, quelque chose de trop épais que l'on ne sent que dans la touffeur de l'air des roseraies et des serres mais que le cocher, juché sur son siège, parvient cependant à capter comme si leur parfum se propageait, s'insinuait en filets sournois et invisibles; cela pouvait faire penser à la macération des gerbes mortuaires qui fanent dans les fosses à ordures du petit cimetière de Heilingenkreutz, là-haut, où croupissent pêle-mêle, les pétales gras des roses et, plus longues à pourrir, les feuilles dures et vernissées des laurières qui les entourent et les garnissent.

Quand Loscheck ouvre les portes des voitures, cette mauvaise odeur des roses le prend à la gorge, lui donne presque la nausée. Avec Kathie, il ouvre les cartons dans lesquels les jardiniers de Baden ont scrupuleusement aligné, comme dans de petits cercueils de papier, les roses au bout de leurs longues tiges, raidies de froid, mais dont le cœur exalte prodigieusement, vivant de leur vie de roses, chaque pétale conservant le parfum sucré, ne lâchant pas prise, tout ramassé sur lui-même.

Il leur faut ôter le fin papier de soie qui les protège puis le drap de feuilles humecté d'eau qu'on a soigneusement vaporisé avant leur départ. Et soudain, les roses surgissent de leurs couches, énormes, rouges et blanches, dans ce cocon de neige où la profusion des verts tranche sur le ciel et la terre et sur les pierres grisâtres et sales du pavillon.

Pas une fleur ne survit ici à l'hiver viennois. Pas la moindre petite tache de couleur qui puisse égayer le lieu, mais partout le blanc, le vert, profond et dur et encore du blanc dans toutes ses nuances, tantôt gris quand les roues de fer des voitures tracent des sillons vite gelés, durs et raidis comme des rails, tantôt ocrés de la terre qui pousse par-dessous, se diluant au blanc immaculé qui, la nuit, tombe en rafales, sans discontinuer. Et aussi du vert qui envahit le paysage entier, du vert sombre, celui des sapins qui deviennent encore plus sombres quand la neige s'affale sur eux et qu'atténue quelquefois la verdeur naissante des pousses de chênes et de houx.

A travers les vitres du pavillon, Loscheck, Mall et Kathie disposent les roses dans de vastes récipients, ébrouant les feuilles, tâchant de leur enlever l'allure figée qu'elles ont prise dans les cartons. Brutalisés, les pétales s'ouvrent, se décollent quelque peu du cœur, forment des ourlets recourbés, pleins de grâce. Les roses reprennent vie dans des cuvettes, des bassines, attendent d'être mises en vases; elles affectent des airs plus abandonnés, des poses plus élégiaques.

Kathie les cajole comme si elles avaient froid dans la grande salle de cuisine où elles sont entreposées. C'est qu'elles ont quitté il y a quelques heures seulement les serres chaudes et moites de Baden, l'atmosphère croupissante et tiède des serres fermées sur elles-mêmes comme dans un étau de verre, le soleil d'hiver perçant à travers les fenêtres recourbées, soumises aux mille soins des jardiniers, puis au bruit sec des sécateurs, au geste précis des doigts qui les séparent de la tige mère, à l'appréhension brûlante de la lame d'acier qui s'approche de la tige et en quelques secondes la rose qui trébuche et bascule, tombe dans le grand panier de paille; quelquefois, dans la chute, un pétale rouge tombe au sol comme une flaque de sang. C'était autre chose la vie des roses à Baden, une vie où il fallait donner le meilleur de sa vie de rose, le plus capiteux des parfums qu'on pourrait offrir, qu'on était capable de sécréter, mais une vie soumise aussi aux caprices des princes, aux guillotines des canifs tranchants qui les sectionnaient d'un coup dans l'éblouissement de la lame.

Parfois, le couteau ne tranchait pas la tige totalement et la rose, pantelante, se retenait encore par un filament verdâtre à la tige qui s'engouffrait jadis profondément dans la terre, là où elle pompait toute sa vie, où elle trouvait force et parfum et qu'elle diffusait ensuite à tout ce qui s'échappait d'elle, aux boutons naissants, recroquevillés sur eux-mêmes et qui, plus tard, se déploieraient comme par magie, écartant imperceptiblement ses pétales jusqu'à ce que la fleur atteigne sa perfection.

Désarçonnées, décontenancées, les roses attendent d'entrer en scène comme des comédiennes; déjà, elles ne peuvent contenir davantage la profondeur de leur parfum, séparées qu'elles sont de la terre et des tiges maîtresses. S'accélère brutalement le cycle de leur vie et de leur mort, les pétales brûlent les étapes, s'ouvrent plus vite, se fronçant trop rapidement en leurs bords qui, sous l'effet du froid et d'une autre lumière, s'altèrent, n'osent plus la rougeur flamboyante, l'éclatante blancheur qu'ils possédaient dans les serres. Dans les bassines remplies d'eau, les feuilles forment comme des buissons épais, inhabituels.

Comme des crêtes, pointent les cœurs des roses; on sent bien déjà qu'elles se forcent à vivre, tendant leurs boutons hors de l'eau; on jurerait qu'elles savent qu'elles vont mourir, abandonnées.

Des bourrasques de givre tournoient violemment. La forêt alentour laisse échapper des cris d'arbres qui se cassent ou plient sous le poids de la neige. Tapis dans des fourrés épais, des animaux passent mal le temps, épiant le moindre bruit, sursautant aux rafales du vent. La chute des glands verts, amollis ou mortifiés par le gel surprend le calme apparent de la forêt viennoise.

On entend encore au loin des fouets qui sifflent, des piétinements de sabots et le roulement âcre des roues de fer qui fait crisser la neige.

C'est la voiture de Mary Vetsera. Pelotonnée sur le siège épais de la voiture, elle a les mains crispées de froid et d'angoisse malgré son manchon de phoque. Elle ne voit rien sur la route car Bratfisch, le cocher, a tiré les courtines. Le capiton des sièges, sombre, lui fait penser à celui dont on recouvre les cercueils. Elle entend par intervalles le claquement sec du fouet sur les chevaux, le crissement de quelque ornière remplie de glace que les roues de fer brisent. Elle sait seulement qu'il est dix heures du matin environ ce jour-là de janvier 1889, qu'elle roule à vive allure sur la route de Schönbrunn, qu'elle dépassera ensuite pour rejoindre celle, plus étroite, de Mayerling.

Il fait froid. Très froid. La neige est partout, elle ne la voit pas, mais elle devine. Passé Vienne, la berline, anonyme, prendra les routes de terre, elle imagine qu'il y aura des forêts, de vastes forêts de sapins que frangent les cristaux et encore des forêts; au-dessus d'elle, des tournoiements d'oiseaux apeurés et affamés qui feront claquer leurs ailes. En soulevant le coin d'une courtine, elle voit du blanc, toujours du blanc, et le cerne de son haleine opacifier la vitre, rendre encore plus muet le paysage qui défile.

Elle trouve que Bratfisch va trop vite, elle craint de verser quelquefois tant les congères qui bordent la route la rendent irrégulière et bosselée.

Elle ne cherche pas à comprendre ce qu'elle va faire à Mayerling. Elle ne veut pas chercher à comprendre. Elle va à Mayerling. Elle suit la route durcie qui y mène et c'est tout. Elle ne connaît pas le pavillon de chasse, elle ne l'a même jamais vu en gravure. On dit seulement qu'il est plutôt laid, très austère avec ses murs de pierre et de brique, mais que la forêt qui l'enserre comme une mère de ses bras de sapins peut lui donner de la tendresse. Elle ne sait pas pourquoi, mais c'est ainsi, elle y pense sans cesse : cette neige et cette forêt qui encerclent le pavillon de chasse de manière si ténue lui font imaginer quelque fosse mortelle d'où nul ne s'échappe. Elle sent qu'à Mayerling, c'est surtout la mort qui règne.

Elle frissonne, prise d'une panique terrible, quand elle se souvient de ce que lui avait raconté avec tant de détails cruels son amie, Marie Larisch, la nièce morganatique de l'impératrice, que tout le palais considérait comme l'âme damnée de l'archiduc. Cette affreuse chasse qui avait inauguré le pavillon, cette folie furieuse, démesurée, implacable qui s'était emparée de Rodolphe.

Bien que l'on fût alors en octobre, le froid de l'hiver s'attachait déjà au cœur des arbres; les fougères des sous-bois devenaient cassantes, pourrissaient de l'intérieur, suintaient d'un jus roux et noirâtre. Seuls les ronciers et les sapins gardaient ce vert profond où les bêtes aimaient à se loger, mufle contre mufle, serrées dans la nuit froide. La lumière du soir faisait encore penser à celle de l'été, éclairant par accrocs la hêtraie. Mais le tulle blanc de la gelée qui, soudain, recouvrait la terre, poussait les animaux à chercher refuge au plus épais des bois, dans des taillis plus touffus. Le son du cor avait jailli des broussailles de la forêt, amené par le vent, jusqu'aux couches de feuillages où ils ruminaient paisiblement, s'était perdu dans les tremblements des branches, était enfin revenu comme le ressac d'une vague accompagné du recri furieux, irraisonné, des chiens. Il n'y avait pas de doute cette fois. Ils étaient donc de retour avec leurs meutes et leurs chevaux, leurs dagues effilées et leurs cris que nul ici ne savait proférer : cris qui déchiraient la forêt, se propageaient de clairière en clairière, s'accrochaient aux buissons, ricochaient sur les troncs des arbres. Le vent d'automne, glacial parcourait la cime des forêts, couchait par rafales le faîte des sapins.

Rodolphe aimait chasser à n'importe quelle heure du

jour. Souvent même, la nuit, il aimait surprendre le repos des bêtes, il croisait le feu de leurs prunelles, les entendait détaler. Il aimait frôler leur pelage, se glisser entre les arbres pour sentir l'odeur âcre de la harde. Entre les branches, la lumière de la lune laissait percevoir des silhouettes fines se faufilant dans les taillis jusqu'aux lisières du hameau. Ce jour-là, avant d'inaugurer le pavillon de Mayerling, il fit sonner la chasse. Quand il entendit le son du cor, le vieux cerf de la forêt interrompit sa rumination. Un brame sourd s'échappa de sa poitrine. Il fallut encore s'enfoncer davantage, marcher sans reprendre haleine, passer les chemins de fougères, se cacher plus profondément dans l'épaisseur des haies de ronces. Et toujours le brame sonore des hommes, l'aboiement sauvage des chiens. Sur le passage de Rodolphe et de ses invités, tous se terrent, s'ancrent dans les buissons, dans les trous de terre. Une solidarité nouvelle s'empare d'eux, accueillant les fuyards, les cachant aux piétinements des hommes et des chiens. Mais eux ne voient que le vieux cerf, le vieux dix-cors qu'aux jumelles Rodolphe a découvert et il lui semble que c'est une bête énorme, ancestrale, inconnue, presque monstrueuse. Acharné, il galope dans les sentiers cavaliers puis s'engouffre en hurlant dans les bois entremêlés de branches qui lui déchirent les bras, le visage, mais lui ne sent rien, tout attaché à poursuivre la bête. C'est à présent une lutte à deux qu'excitent les chiens, ils bondissent, franchissent les fossés, filent droit, butant sur les souches, boitant dans les ruisseaux et les chiens, toujours, qui talonnent. Le vieux cerf a soudain besoin d'une autre énergie, celle qu'il puisait autrefois aux flaques des ornières, aux litières fraîches des bruyères et des fougères, aux tiges des blés qu'il venait brouter tandis que la lune, lourde de lait, inondait les champs de sa lumière chaude.

Mais Rodolphe n'en voyait plus la fin. Et puis toute cette course l'excitait, l'irritait même. Dans sa tête, le sang battait à ses tempes, ronflait comme une machine. Souvent, il interrompait ses projets, pris soudain d'une envie de mort qui l'occupait tout entier. « A quoi bon ? », disait-il alors et l'ivresse du désir retombait. Mais il voulait en finir avec cette course absurde et vaine, ses chiens hurlant à ses côtés. Il sortit son pistolet. Et dans la forêt sombre que la lumière du jour parvenait à peine à éclairer, il tira. Une fois, deux fois, peut-être trois fois, à l'aveuglette, sur le cerf. Interloqué, le dix-cors se retourna comme s'il ne comprenait plus soudain les règles du jeu cruel. Il regarda Rodolphe puis s'écroula. L'archiduc vida son arme sur l'animal à peine mort. La meute déchiquetait déjà ses flancs à petits crocs pointus quand il rejoignit Mayerling.

Un frisson de peur parcourut l'assistance. Des légendes tenaces couraient qu'il ne fallait jamais tuer le chef d'une harde, qu'une malédiction s'attachait à celui qui oserait braver l'usage.

A l'intérieur du pavillon, dans la grande salle qui était décorée ce soir-là de guirlandes de feuillage pour la fête, on pouvait sentir des odeurs de moisissure, de terre humide, de bruyères rances qui faisaient penser à des fosses mortuaires, au travail aveugle des décompositions.

Mary savait le goût de Rodolphe pour tout ce qui avait saveur de mort et qui, toujours, le talonnait. La Hofburg même, lieu de résidence de la famille impériale, à Vienne, malgré les dorures et les marbres, avec ses fresques majestueuses, ses meubles de palissandre et de marqueterie, froids et rigides, décorés de bronze, sentait la solitude et l'angoisse. Les proportions y étaient trop vastes et pour les réduire, les coins étaient flanqués de statues énormes qui écrasaient malgré tout les visiteurs. Quand elle était allée rejoindre pour la première fois Rodolphe dans l'appartement de célibataire qu'il avait tenu à conserver malgré son mariage avec la princesse Stéphanie, elle avait été prise d'un vertige, d'une inquiétude sourde qui ne l'avait pas lâchée de tout l'entretien. Elle, si romanesque, gorgée de lectures sentimentales, avait eu peur, soudain, quand Bratfisch l'avait emmenée chez l'archiduc. Il avait fallu passer par une petite porte de fer entrebâillée, traverser des labyrinthes de couloirs glacés et déserts. C'était l'envers du décor, l'autre face du palais doré et vitré d'où l'on pouvait quand même apercevoir les vastes allées de peupliers, entendre leur bruissement si caractéristique, si rassurant et le ronflement familier des poêles de faïence blancs, qui trônaient dans les salles trop grandes. Ici, à présent, ce n'étaient que corridors sombres, murs anonymes, puis les appartements de Rodolphe : c'est Probus, le corbeau apprivoisé de l'archiduc qui l'accueille sur le seuil. Elle recule d'effroi. Elle entend des claquements d'ailes au-dessus de sa tête et cette bête qui la frôle. Tout est rouge sombre chez Rodolphe : murs, canapés, rideaux, fauteuils. Autour d'elle, des livres qui tapissent la pièce. Sur le bureau, elle surprend une tête de mort posée sur un pistolet. Elle les effleure du doigt.

Dehors, il y a des fêtes et des réceptions, des rencontres d'amoureux sur le Prater, des histoires très simples qui commencent ou se compliquent au fil des étreintes et des jours. La lumière de Vienne tape contre le jaune des palais, lui donne cet air doré qui excite à vivre et à danser.

Au contraire, Rodolphe, en quelques semaines, l'avait habituée à fréquenter d'autres lumières, plus étouffées, plus secrètes. C'étaient toujours avec lui des rencontres clandestines, souterraines, des dédales obscurs confusément éclairés de torches; des moments d'abandon qui faisaient penser à ceux de la mort et des agonies.

Soumise, elle s'y pliait, mais souvent, elle avait besoin de soleil, de promenades en plein jour, de grands éclairs de rires; alors, elle redevenait la petite fille de seize ans, se parait de bijoux, parsemait de strass qui renvoyaient la lumière sa chevelure qu'elle ramenait sur sa nuque. Elle partait faire des courses avec Marie Larisch, sa confidente, achetait sans compter, faisait des excentricités. C'était toujours ce jeu entre l'ombre et la lumière, ces descentes obscures et ces faims de jour.

Vienne elle-même semblait vivre à ce rythme. Vienne sentait la mort et le cadavre, la pourriture qui remontait de l'intérieur qui ne se devinait qu'à des signes imperceptibles mais redoutables, terribles. Il y avait l'apparat des palais, la vie si débridée des plaisirs, un étourdissement de fêtes et de luxe, mais quelque chose disait que tout se dévastait, se détruisait du dedans. Trop de gaieté partout qui cachait la mort, trop de courses, de corsos fleuris, trop de foires, trop de bals. Vienne sentait l'illusion, c'était comme une marche effrénée contre le temps, contre cette vie qui se réduisait chaque jour davantage et toujours cette valse qui faisait tourner la ville entière jusqu'à l'écœurement.

Mary jouait alternativement à la lumière et l'ombre. Tantôt elle se perdait dans la foule mélangée du Prater parmi les clowns blafards, les stands de tir, les femmes fortes comme des Turcs qui exhibaient leurs muscles, tantôt elle prétextait des migraines ou des indigestions pour ne pas sortir, comme ce soir-là du même hiver 1889 où elle s'était mouillé les cheveux juste avant de partir pour l'Opéra assister à une représentation de Wagner, s'attirant les foudres de sa mère, la baronne Hélène Vetsera.

Sitôt sa mère partie, elle s'en souvient, elle avait enfilé un manteau, s'était enroulé les cheveux dans un turban à la mode des Levantines, comme avaient dû le faire ses aïeules, et s'était dirigée vers la porte entrebâillée de la Hofburg où l'attendait Rodolphe. Et c'était la rituelle descente qui recommençait, la lente marche à travers les corridors noirâtres. Mais de l'autre côté du Danube, malgré les lustres de cristaux étincelants, la musique de Wagner racontait le même mystère, la même marche aveugle dans la nuit.

Mary court à présent confusément dans la même nuit. L'obscurité de la berline est quelquefois traversée d'une lueur blafarde que renforce la neige alentour. Des éclats de blanc jettent sur les sièges comme des lames de lumière. C'est inquiétant dans le matin. L'étau de neige dans lequel s'engage la voiture semble la capturer, l'absorber. La police secrète de l'empereur François-Joseph, déjà au courant des préparatifs de Mayerling, a été dépêchée la veille même sur les lieux. L'empereur ignore ce qui s'y prépare mais il veut savoir.

Des hommes en uniforme ont pris position autour de la propriété. Ils n'ont pas le droit toutefois d'y pénétrer : Mayerling est à l'archiduc et seulement à lui. Des hommes en habit sombre s'embusquent dans la forêt, à la lisière du domaine. Ils guettent l'arrivée des voitures, inscrivent tout ce qu'ils voient sur des carnets.

La voiture de Mary, pour l'heure, roule sur la terre gelée. L'haleine des chevaux jette derrière eux une fumée toujours renouvelée. Il n'y a autour d'eux que des arbres gainés de neige; de la glace terreuse qui salit la route se casse sous le sabot des bêtes.

Elle fait rouler autour de son doigt, machinalement, l'alliance de fer qu'il lui a offerte il y a quelques jours à peine. Elle songe à tout ce parcours qui l'a menée en si peu de temps des promenades insouciantes et frivoles au Prater à la hâte inquiète d'aujourd'hui. Elle songe à cette bague qu'il lui avait fait transmettre par les trop bons soins de Marie Larisch, dans cet écrin de velours bleu, mais simple anneau de fer, comme les filles modestes de Vienne pouvaient en posséder : il avait eu soin de faire graver à l'intérieur ces quelques lettres qu'elle avait du mal à déchiffrer et dont elle n'avait compris aussitôt le sens : I.L.V.B. I.D.T., message secret, codé qu'elle avait retourné dans tous les sens, en vain, pour enfin en demander la traduction à Marie qui savait tout de Rodolphe, même les étreintes puisqu'il l'avait aimée elle aussi quand elle avait seize ans et Marie lui avait donné le sens des lettres : I.L. comme *in liebe*, V.B. comme *vareint bis*, I.D.T. comme *in dem tod* : *in liebe vareint bis in dem tod*, unis dans l'amour comme dans la mort...

Et Mary avait complaisamment répété cette devise, appuyant sur *liebe* et sur *tod* avec une joie qu'elle n'était pas parvenue à dissimuler. Mary se souvenait de ses lectures exaltées, de ces amants gothiques qui défiaient les lois des sociétés et trouvaient refuge dans le suicide. Elle pensait soudain à Tristan et Yseult, aux saveurs de mort que les légendes germaniques aimaient exhaler, et elle était prise tout à coup d'une angoisse sourde qui lui pinçait le cœur et le ventre, d'un frisson qui la parcourait comme si devant elle s'ouvraient des mondes terribles qu'elle ne pourrait contrôler et qui l'entraîneraient sans qu'elle le veuille, inconsciente, loin, très loin des bals, des orchestres et des stucs dorés des loges d'opéra, au plus secret de l'amour, là même où elle pressentait bien qu'elle se dirigeait maintenant.

Car, pelotonnée dans la voiture, elle savait qu'elle ne s'appartenait plus, qu'elle était dirigée par une force violente et brutale qui la poussait vers des gouffres inconnus. Quel chemin parcouru depuis ce jour où il la vit, vraiment, avec les yeux du cœur et de l'amour, dans la loge que lui avait prêtée Marie Larisch, à l'Opéra, pour la représentation de *Tristan et Yseult*! Elle avait mis tout un jour à se parer, à revêtir cette robe de crêpe de Chine blanc, dont le corsage d'organdi formait une fleur, une tulipe toute frangée, une corolle de camélia à peine ouvert, et elle ressemblait à ces femmes-fleurs que savaient peindre au fronton des palais avec d'infinis détails les frères Klimt. Elle avait insisté pour que sa mère lui prêtât quelques bijoux quoique ce ne fût guère la coutume à Vienne pour les jeunes filles de la société. Mais la baronne avait cédé et puis leurs origines orientales avaient emporté la raison et la bienséance, elle lui avait confié un croissant de diamants qu'elle avait piqué dans sa chevelure modelée vers le haut et le croissant, juché au sommet, lui donnait tout à coup quelque chose de magique qui l'entraînait dans le monde des fées. Elle savait jouer de sa beauté, avec ses yeux bleus qui surprenaient, sa peau mate de Levantine, ses cheveux lourds et sombres qui la rendaient différente de ses amies, comme si quelque chose d'invisible et d'obscur la tirait ailleurs. Son nez, légèrement retroussé, ses fossettes au menton et au coin des lèvres la ramenaient à l'enfance, mais c'étaient ses yeux surtout qui suscitaient le regard des autres : ils étaient si grands qu'ils mangeaient son visage, lui donnaient cet air si particulier, presque étrange. D'une loge à l'autre, Rodolphe et Mary s'épiaient aux jumelles. En face, sur la scène, Yseult rejoint Tristan dans la mort. Le chant monte, se brise puis s'élève encore une fois. Entre eux deux, le même chant passe. Elle voit la même brisure, le même cri fêlé qui les unit et les désunit à la fois, tout ce qui les sépare et les rejoint.

Le lendemain, elle reçoit un billet de Rodolphe : « Je voudrais vous rencontrer. Vous étiez très belle à l'Opéra hier soir. » Elle a le cœur qui bat. Elle pleure. Elle sait que son histoire à elle commence là.

Elle ne parvenait pas à comprendre pourquoi l'univers pourtant si familier de l'hôtel des Vetsera, à la Salezianergasse, se rétrécissait si étrangement, pourquoi Vienne elle-même n'avait plus la même saveur, le même attrait; tout ce qui l'entourait changeait de perspective, se ramassait de manière plus étroite, comme si elle devait aller maintenant seule à l'essentiel des choses. C'en était fini de cette existence de fêtes, de ces sorties les après-midi en landau, au Prater, de ces courses chez les joailliers et dans les plus luxueuses lingeries de la ville! Sa vraie vie, elle était là, aujourd'hui, dans cette voiture, serrée déjà comme dans un cercueil et cette campagne, qui se resserrait, rendait une impression d'étouffement tant les arbres qu'elle traversait étaient denses et profonds, tant la forêt tout entière devenait sinon hostile, du moins étrangère. Souvent ses oncles, Hector et Aristide Baltazzi qui avaient gagné le Derby en 1876 et dont l'impératrice Sissi, intrépide amazone, appréciait la compagnie, l'avaient emmenée contre tous les usages établis dans ces petites guinguettes de la forêt, dans ces auberges pittoresques qui faisaient le charme si particulier de la vie viennoise où tous se côtoyaient, les pauvres comme les riches, les princes comme les ouvriers. Elle se souvient qu'elle allait quelquefois à Baden, sur cette même route, à l'auberge de la Porte de fer où l'on mangeait de fameux strudels aux pommes, longs de plusieurs mètres et que la patronne débitait en tranches! Elle se souvient encore de *Chez Agnès,* à Sievering ou du *Tivoli* près de Schönbrunn et surtout des airs de valses qui lui parvenaient et sur lesquels elle aurait bien aimé danser, de ces tonnelles recouvertes de lierre et de clématites où l'on se pressait en bandes joyeuses pour écouter les chanteurs populaires. Tout près, les vignobles, sagement alignés et en rangs serrés donnaient à la campagne boisée alentour une allure familière et accueillante. A présent, la même forêt, à mesure qu'elle avance sur la route verglacée prend d'autres airs, se revêt d'autres parures. Seules la neige et l'épaisseur des bois envahissent l'espace, ne donnent plus d'autre respiration. Il lui semble qu'elle entre dans un carcan, volontairement asservie aux ordres de l'archiduc : « Nous irons demain à Mayerling. Je ferai en sorte que tout soit prêt pour t'y accueillir. Il n'est pas utile que tu te charges de bagages superflus », lui avait-il écrit et elle ne demandait aucune explication. Elle avait pris la voiture, elle était montée sans se demander combien de temps durerait le voyage, sans avertir sa mère. Elle était partie et les bois la retenaient maintenant comme prisonnière avec leurs grands bras alourdis de neige. Elle entrait dans la forêt de Mayerling comme on couvre d'un suaire les cadavres, prête à traverser d'autres mondes, dans un autre temps.

Ce n'était pas non plus cette quête éperdue dans les allées du Prater où, inquiète, elle n'avait d'yeux que pour rechercher Rodolphe. Cela faisait partie du jeu de l'amour, de ses règles et de ses ruses. Il y avait encore le landau Vetsera avec ses peintures pastel sur les portes, la grâce des fauteuils où l'on s'alanguissait, quelque chose qui la rattachait à Vienne, la rassurait car elle connaissait ces trappes que l'amour met devant soi, ses pleurs et ses joies qu'elle avait lus dans les livres, mais tout ici n'était que codes qu'il fallait apprendre et puis, après, les utiliser et bien jouer. Ce qui se passait maintenant avait affaire avec la mort, elle allait vers l'inconnu, vers ce qui pouvait être irrationnel et radical et chaque enjambée des chevaux la rapprochait de son vrai lieu.

De grandes rafales courbaient la voiture mais les bêtes menaient bon train. Bien que toutes les vitres fussent montées, elle parvenait à entendre le souffle du vent qui cognait contre elles. Confusément, elle sait que ce n'est pas à un rendez-vous d'amour très ordinaire auquel elle se rend, elle défie le temps et la vie, les usages et la cour tout entière. Son menton très décidé, presque boudeur, a une expression ferme, butée même. Dans la lueur blanche que diffuse la neige, le jour se lève enfin. Spectral, il annonce des mondes invisibles. Des paquets de neige changent le ciel, ils bouchent l'horizon, des bandes d'oiseaux piaillent en tournoyant. Le sillage de la voiture laisse des rails noirâtres derrière lui.

Elle sait bien au fond d'elle-même que c'est ce paysage-là qui lui apportera son histoire. Avec l'immobilité des branches ployant sous le poids de la neige, cette étendue muette et blanche courbant sous la lourdeur du givre, ce vallon échancré dans les collines qui, le soir venu, ferait sûrement penser à un puits profond, avec ces animaux affamés ou cloîtrés dans des trous, solitaires et inquiets et avec lesquels elle trouverait quelque ressemblance. Avant sa rencontre avec Rodolphe, elle n'avait eu d'autres histoires que celles qu'elle s'était inventées grâce aux romans dont elle aimait à se repaître, grâce à d'autres paysages de cette Vienne en perpétuelle fête et dont elle avait aussi soupçonné la secrète attirance pour les choses de la mort. Elle n'aimait guère alors la profusion du baroque qui, ici, couvrait toute la ville, lui donnait des airs trop surchargés qui l'écrasaient, ces défis à l'équilibre, ces atlantes gigantesques supportant des voûtes énormes, ces avalanches de stuc, ces anges déployés dans le plâtre et l'or. Et cependant, derrière cet étalage, elle discernait dans tout cet environnement comme une détresse, une angoisse sourde qui se glissait dans de tels excès, avec une telle rage d'existence. Elle sentait confusément une menace, une fente, une lézarde. Au musée, les orbites creuses des vraies têtes de mort harnachées de bijoux et de tiares, toute cette vanité du monde étalée, fixaient, immuables, le vide ou elle-même, les nez irrémédiablement retroussés donnaient aux crânes, disait-elle, « ce petit air d'insolence » qui l'inquiétait.

C'est pourquoi elle se rendait le plus souvent au Prater l'après-midi. Là, il y avait la vie, ce mélange de mœurs et de classes, ce brassage d'hommes si différents qui chantaient et jouaient indifféremment. Elle aimait longer les sentiers de cytises, les lisières des bois car tout la rassurait, les petits lacs arrangés, les jardins aux plates-bandes bien léchées. C'était un immense jeu de cache-cache et comme il était bon de donner au cocher l'ordre d'obliquer au-delà des baliveaux et le landau courbait comme un cygne, semblait même glisser sur l'allée. C'était donc cela son histoire alors! Aujourd'hui, il n'existe plus de landau Vetsera, plus de courses chez les commerçants à la mode, le paysage a une autre allure : il n'est pas menaçant, il enveloppe, il fait sienne celle qui arrive en tenue légère dans ses domaines, à l'improviste; partout de la brume couvre la ligne des bois.

Maintenant, il n'y a qu'elle et Mayerling.

Au pavillon de chasse, l'activité est fébrile malgré les résistances qu'offrent le mobilier si lourd, les bêtes empaillées recouvertes de poussière, les tentures tombant sur les tapis, les alcôves sombres et épaisses de velours. Kathie et Mall retapent les fauteuils et les lits, laissent entrer par les grandes fenêtres ouvertes l'air si fort de la forêt. Une haleine glaciale réveille les lieux et les tentures s'ébrouent, retrouvent leur apprêt. La première berline a fait porter les vêtements de Mary. C'est Rodolphe, personnellement, qui les a choisis. Des vêtements de nuit surtout : longue liseuse de soie assortie de mules cernées de plumes blanches, large déshabillé de soie aux motifs peut-être orientaux, verts et roses; Kathie les installe religieusement sur le rebord du lit. Il fait froid dans la chambre mais déjà l'énorme poêle de faïence blanche commence à ronfler. Une chaleur, peu à peu, s'infiltre, lutte avec le froid qui entre encore, pose de la buée sur les vitres. Mall n'a pas porté les roses. Elles attendent dans les vases de la cuisine, en bas. Mais dès que la berline de Mary sera annoncée dans la cour, elle les montera.

Elle sait les endroits où elles porteront le plus leurs parfums. Au-dessus du piano, Rodolphe a demandé à ce que l'on mette la photographie de Mary prise à l'Opéra. Elle est dans un cadre d'argent. Bien distincte, comme une déesse, elle porte son croissant de diamants sur la tête. Elle est belle. Elle n'est pas tout à fait une enfant, elle a la beauté lourde d'un autre regard, plus ancien, plus propre à connaître et à comprendre des mystères.

Quelquefois, par les fenêtres ouvertes, on peut entendre le craquement d'une branche dans les bois qui ploie soudain sous la neige et se déchire du tronc, des cris de bêtes très pointus, comme des ricanements. Quelques fouines s'avancent, s'aventurent à la lisière des premiers bâtiments. Elles détalent au moindre bruit, au moindre gland mortifié de gel qui tombe avec un bruit mat. Mall dit qu'elle n'aime pas entendre tournoyer ainsi les corbeaux autour du domaine. Elle en a peur. Elle dit que « ça porte malheur ». Ils tournent en bandes innombrables, affamés, à la recherche de pousses neuves et de bourgeons naissants. Et leur vol a quelque chose de rituel, d'organisé qui dérange et inquiète comme l'âpreté de leurs cris, ces vocalises sombres qui tantôt semblent s'apaiser et tantôt reprennent de plus belle pour remplir le ciel blanc. Mall dit encore qu'elle « préfère les salons immenses et vides de la Hofburg : c'est plus sûr... »

A la Hofburg, en effet, les pièces étaient si vastes qu'il avait fallu installer des paravents pour resserrer l'espace, donner plus d'intimité et de chaleur. La princesse Stéphanie se calfeutrait entre des paravents qui la coupaient des courants d'air et des regards mais rien ne pouvait passer inaperçu à la Hofburg. C'est pourquoi l'impératrice Sissi partait le plus souvent en voyage. Elle préférait les petits appartements de ses hôtes de Corfou ou de Venise, le charme si hospitalier des îles Borromées et même les pensions de famille qui lui donnaient l'impression d'être comme tout le monde. Elle ne songeait qu'à fuir cette terrible dynastie des Habsbourg où se mêlaient la pompe et l'orgueil et, elle le sentait bien, quelque malédiction qui semblait tous les poursuivre.

L'empereur, lui, vivait la plupart du temps dans son bureau de travail et dès quatre heures du matin, les Viennois matinaux pouvaient voir sa fenêtre éclairée. « Tiens, disaient-ils, notre empereur travaille! » Cette constance qui ne se démentait jamais même aux heures les plus graves de l'empire avait pour eux quelque chose de réconfortant et de paisible. Il ne se préoccupait pas de décoration ni de mobilier. Son bureau était un amas de dossiers, de piles de livres : seuls quelques meubles de bois très sombre composaient l'essentiel. Rodolphe n'aimait pas non plus les grandes cérémonies et l'apparat. Il avait hérité cela de son père; dans ses accès de solitude, il vivait surtout à l'intérieur de lui-même, plus attaché à se connaître, à percer cette mélancolie, ce besoin de toujours plus et d'ailleurs qui le tenaillait sans cesse.

Aussi ses appartements de célibataire que pour rien au monde il n'aurait abandonnés même pour satisfaire l'étiquette, ne présentaient-ils aucun luxe particulier. Le rouge et le bois d'acajou mêlé à l'ébène étaient les seules teintes de sorte que ses pièces avaient un air plutôt lugubre. Toutefois, le délire imaginatif de son cher cousin, le roi Louis II de Bavière, le séduisait et le fascinait. Malheureusement, on lui avait interdit de le rencontrer plus que les obligations de la cour ne l'exigeaient. Louis était trop extravagant, son imagination le portait à des excès qui étaient parfois coupables aux yeux de l'empereur. En somme, il était différent. L'impératrice lui portait une affection sincère, maîtrisée cependant, comme si elle ne voulait pas céder aux tentations de la séduction qui se dégageait de toute sa personne. La cohorte d'amis qui l'entouraient déplaisait fort à la cour de Vienne, si conventionnelle, presque petite-bourgeoise.

Louis entraînait avec lui des poètes et de beaux jeunes hommes, Oscar Wilde et des esthètes qui, dans le palais de la Hofburg aux formes si colossales, avaient l'air d'oiseaux, de plumes, de brises... Ils laissaient derrière eux un sillage de rêve et d'imagination, tout un monde où l'amour, la fête et le désespoir existaient aussi transmués toute fois en vertige étourdissant qui ne correspondait pas avec le baroque écrasant mais rassurant de la cour.

Aussi l'avait-on prié de s'éloigner, craignant qu'il ne donnât quelques mauvaises et pernicieuses idées au jeune archiduc. Mais Rodolphe avait toujours gardé au fond de lui une certaine nostalgie. Son cousin lui écrivait néanmoins, lui parlant des formidables constructions qu'il encourageait et suscitait, de ses châteaux de rêve où le délire imaginatif défiait l'impossible. Chacun de ses châteaux ressemblait à une composition imaginaire, château fou qui semblait prendre la mer tant la proue des donjons était élancée, château infernal à l'image des burgs des légendes rhénanes où l'esprit s'abîmait, château qui donnait aux hommes l'impression de leur petitesse et de leur vanité.

A vrai dire, c'était aussi cela le vrai paysage intérieur de Rodolphe. Il oscillait sans cesse entre des chambres nues et monacales et des délires fous, romantiques et déraisonnables qui l'entraînaient vers un ailleurs qu'il voulait tant découvrir. A Mayerling, il avait voulu réaliser un peu cela. Le pavillon de chasse était l'austérité même mais les couleurs du prince étaient encore là : le cramoisi des rideaux, la pourpre des jetés de lit, l'ébène des couvertures et des boiseries, l'acajou fauve des meubles. Alentour, la forêt viennoise avait une tout autre allure. C'était dans ce baroque naturel qu'il plaçait ses délires. Forêt profonde, entremêlée d'arbres, forêt secrète où croupissaient les bêtes, forêt mouvante qui laissait se nourrir les enchantements, les magies. Souvent Rodolphe avait parlé à Mary de cette demeure. Mary, que la vie viennoise n'intéressait plus dès lors qu'elle avait rencontré le prince mais prise aussi dans le souffle romanesque de l'amour, rêvait de Mayerling comme d'une maison autre qui devait vivre selon d'autres rites et d'autres protocoles. Elle imaginait Mayerling comme une demeure lointaine et inconnue de tous et son romantisme s'exaltait. Elle voulait vivre là, être emportée sur les branches de ces sapins, car le lieu, lui semblait-il, pouvait avoir deux avantages : la forêt l'appelait à voyager vers les grands espaces, c'étaient de lourdes rafales qui, alors, la porteraient vers l'air plus pur des sommets avec Rodolphe, et le domaine, lui, l'entraînerait vers les abîmes plus épais, vers des caves et des puits secrets qu'elle ignorait et qu'elle voulait explorer.

Elle disait souvent qu'elle était « curieuse de connaître l'autre monde » et sa mère qui croyait à une imagination de jeune fille un peu trop débridée n'aimait pas qu'elle parlât ainsi. Elle la ramenait alors à la vie pétillante de Vienne, lui agrafait un bijou de diamants sur le revers de son corsage, griffait à ses cheveux quelques branches de perles qui lui donnaient soudain l'air surnaturel. Mais Mary malgré les séductions rêvait à d'autres ciels, à d'autres étreintes...

Elle avait fait, il y a peu de temps, une visite terrible à l'Académie de médecine et de chirurgie avec sa trop aimable Marie Larisch. C'étaient des territoires plus vastes et plus éprouvants : les fameuses figurines de cire à l'usage des étudiants, véritable défilé anatomique, cruel et fascinant à la fois, ces hommes et ces femmes mimant la vie et soudain au détour de la vitrine, ces boyaux, ces viscères, ces veines, ces réseaux de fils et de cordes rougeâtres vomissant du crâne, s'échappant des ventres et des poitrines, tout cet attirail de vie et de pulsations qui soudain se figeait dans la cire, ces écorchés qui étaient pudiquement habillés de brocart et de satin et qui, après le pli du gilet ou de la guimpe, laissaient paraître la rougeur de leurs intérieurs, le mystère sanguinolent de leurs organes, montrés tout à coup au grand jour, brutalement exhibés aux regards des autres, bien vivants mais qui éprouvaient tous le même malaise devant ce que l'anatomiste leur révélait sans craindre de les choquer. Et Mary avait regardé ces muscles, ces tendons, ce travail de chair et de nerfs, épinglés là comme dans une collection de papillons, ces êtres à vif, alignés dans l'impudeur de leurs corps ouverts, montrés à tous. Elle ne s'était pas lassée de les regarder, avait observé avidement les corps éventrés, cisaillés délicatement par les scalpels et elle avait dit que c'était donc ainsi ces entrelacements de chair qui faisaient si mal, à l'intérieur du ventre, ce dédale des vaisseaux qui couraient comme des rubans à travers les labyrinthes de la chair.

Il y avait aussi ce couple qui l'avait retenue : cet homme et cette femme allongés sur une méridienne de soie orange, lui tourné vers elle, languissamment allongée, ce baiser qu'il lui donnait, cette main qui courait le long des hanches et soudain, à l'emplacement de la taille, entre le broché rose et vert de la robe, ce flot d'organes rouges, rose vif, ces conduits colorés, ces tubes jaunâtres, l'imbroglio des veines et tout l'appareil digestif de l'homme ouvrant sur sa poitrine, déchirant le plastron et le gilet de satin brodé d'or, le jabot de dentelle de Venise. Instinctivement, elle avait porté ses mains à son ventre, comme si elle avait voulu retenir tout cet amas de chair et de viscères, conjurer ce qui, irrémédiablement, sortirait de sa belle enveloppe de chair, un jour, bientôt peut-être; lentement, elle se répétait en faisant rouler son anneau de fer autour de son doigt, les mots magiques, ceux qu'avaient sans doute prononcés, elle le savait bien, Tristan et Yseult aussi, « *In dem tod, in liebe vareint bis, in dem tod...* »

Dehors, les lumières de Vienne commençaient à dorer les coupoles des palais et des maisons. La lumière du soir allait tomber; elle arrivait de biais par les hautes fenêtres de l'Académie de médecine et semblait donner plus de vie encore aux mannequins de cire. On entendait rouler les fiacres, siffler les cochers, piétiner sur les pavés les sabots des trotteurs hongrois et la rumeur de la ville enflait avec le soir.

Au sortir de l'Académie de médecine, Marie Larisch lui avait encore parlé de Rodolphe : c'était une obsession chez elle. Elle ne manquait jamais de raconter une anecdote, un détail, généralement violent, fou, inquiétant qui tourmentait souvent Mary. Mais, emportée par son amour, elle ne discernait pas bien encore les dispositions particulières de Rodolphe à jouir de la mort, cet attachement presque viscéral qu'il portait à tout ce qui touchait aux choses de la décomposition. Cette fois-là, Marie lui avait rapporté le goût qu'il manifestait, petit garçon, pour les oiseaux morts. Son plaisir favori consistait à tuer les oiseaux du parc de Schönbrunn ou de Laxembourg. Il les tirait à la sarbacane ou à la pierre, aimait dénicher les petits dans les nids et les étranglait ou bien encore les étouffait en mettant sur leur tête son mouchoir. Ce qui lui plaisait, c'était ensuite de tenir entre ses mains la substance molle, alanguie des bestioles mortes, cette pâte encore chaude et douce, au plumage tiède et léger, si léger. Et il malaxait disait-elle, cette chose informe, comme il triturait sa pâte à modeler, lui donnait des formes nouvelles, quelquefois même la pression de ses doigts faisait éclater la peau encore trop tendre, et c'était alors des filaments de sang qui s'en échappaient, parfois mêlés à de petits boyaux très fins, tout sanguinolents, spongieux, glissants.

Un jour, une dame de compagnie de l'impératrice s'en était aperçue mais Sissi n'était pas là, toujours partie vers la Méditerranée qui lui donnait des envies de survivre, vers les mimosas de la côte italienne quand encore à Vienne le gel et la brume recouvraient toutes les avenues de la ville et rendaient maussades et glaciales les pièces de la Hofburg. La dame de compagnie en avait fait alors part à l'empereur qui n'y avait pas vu de problème majeur : « jeu d'enfant » avait-il maugréé de sa voix rauque en retournant à son cabinet de travail... Les choses avaient donc continué ainsi. Le petit archiduc chassait les oiseaux et les pressait entre ses mains; on murmurait dans les couloirs que c'était l'ennui qui le travaillait, qui lui faisait faire ces choses ignobles, que sa mère lui manquait, elle si douce, si belle... Alors pour se venger de son absence, il tuait les oiseaux. C'était là du moins la version des domestiques.

Mary entendait cela, frissonnait étrangement. Elle devinait d'autres rapports, d'autres rencontres. Mais comme Rodolphe était à ses yeux un de ces héros de romans comme elle en lisait, tout était possible et elle accueillait ces étrangetés comme des gages d'amour exceptionnel, comme des preuves romantiques de sa différence.

Elle avait bien senti à la cour cette atmosphère mortelle, cette odeur lourde et âcre de la mort : même les bals et les fêtes n'avaient pas cette joie, cette paix heureuse et relâchée qu'elle avait pu rencontrer dans les guinguettes de la forêt viennoise ou même cette allégresse qui régnait chez elle, bohème et affectueuse, quand la baronne Hélène Vetsera recevait. Il y avait toujours dans les soirées officielles une pesanteur, une affectation qui rendaient les valses de Strauss moins virevoltantes, le tourbillon des robes et des soieries moins fluide et moins vaporeux. C'était comme si planait au-dessus de la cour quelque chose d'indéfinissable et de terrible que personne n'osait nommer. De sorte qu'à chaque fois, elle avait conçu quelque malaise à s'y rendre. Elle comprenait bien l'impératrice Sissi toujours partie vers quelque Naples, vers des cieux plus cléments, vers une lumière plus souple, plus généreuse qui se donnait avec moins de parcimonie; elle enviait ces voyages de Corfou, Venise, Pompéi, Capri, Florence. Elle disait qu'elle allait se régénérer auprès des anciens, des maîtres de la Renaissance qui lui procuraient des raisons d'espérer et de ne pas se donner la mort. Et le soleil de la Méditerranée la réchauffait vraiment, plus le cœur encore que le corps, quand elle s'allongeait dans des méridiennes sous les pergolas recouvertes de glycine et de jasmin. Mary savait aussi, comme Sissi, l'importance de ces choses, elle rêvait de partir, de fuir Vienne qui, depuis sa rencontre avec l'archiduc, lui devenait odieuse et lourde à vivre. Ce n'étaient que ragots, intrigues, regards sans cesse jetés sur elle et sur sa famille, méchancetés et jalousies. Quelquefois, elle partait avec sa mère et ses oncles dans des villages retirés de la forêt, faisait ainsi provision de lumière et de vert, mais elle demandait souvent à Rodolphe de l'emmener loin, très loin. C'étaient les grands rêves des romantiques qu'elle faisait là, ceux-là mêmes qu'elle avait lus dans Hölderlin ou dans Kleist : partir, mais où ? Qu'importe, prétendait-elle, pourvu que ce fût nouveau, différent en un mot. Elle se souvient que dans la pénombre de la Hofburg, dans la chambre de Rodolphe qu'elle appelait « notre cellule », elle lui avait parlé des Borromées, de ces îles magiques qui sont posées comme de petites perles sur le lac Majeur. Elle le suppliait de l'emmener là-bas : « Après Stresa, disait-elle, il suffit de prendre le bac et l'on rejoint alors Isola Madre, avec sa fourrure d'arbres, ses colonnes de marbre, ses jardins Renaissance en escaliers, l'excentricité de leur composition et la paix de cette eau qui les entoure : on serait seuls, seuls, tu entends Rodolphe ? Il n'y aurait que l'eau et les jardins. » Elle avait vu des gravures représentant les terrasses suspendues, la richesse et la profusion des fleurs : les camélias, les gentianes, les narcisses qui, au printemps, embaumaient l'île entière et au-delà : « Jusqu'à Stresa, tu te rends compte ? », ces bouquets d'hortensias, au milieu des camphriers, des araucarias, aux formes étranges, les sapins qui ressemblaient si peu à ceux des forêts viennoises. Elle voulait y aller dès que les neiges bloqueraient les routes en Autriche, dès que les poêles de faïence ne pourraient plus suffire à les chauffer, alors ils prendraient la route de l'Italie du Nord, et rejoindraient les îles magiques. Et Rodolphe écoutait ces rêveries en balançant sa tête, en la penchant en arrière sur le canapé de velours nègre, et rêver, c'était déjà partir, quitter ces visites, ces consultations, ces courriers austères qu'il devait rédiger, ces rendez-vous rituels avec son père, ces confessions absurdes avec le cardinal, qui l'assommaient. Mary devenait alors la fenêtre ouverte sur l'imaginaire, la petite lucarne toujours axée sur les pays de rêve où ils n'iraient jamais.

Elle se remémorait toutes ces choses sur la route de Schönbrunn dans le froid glacial de cette matinée d'hiver. Dehors, malgré la lumière presque trouble, ce n'étaient que défilés de sapins mangés de neige, des immobilités blanches qui font penser à des spectres et à des fantômes. Il n'y a aucune fleur qui borde les chemins, aucune tache de lumière chaude ou de couleur, aucune senteur. C'est l'hiver viennois et comme d'habitude, le froid s'est emparé de tout.

Mais c'étaient, en fait, d'autres voyages dont rêvait Rodolphe. En l'écoutant parler des grâces baroques des Borromées ou du soleil si doux de Corfou alors qu'à l'horizon, les montagnes de l'Albanie seraient toutes blanches de neige, il écoutait un vieux rêve utopique dont il se doutait bien qu'il n'était pas pour lui. Mary savait que l'affaire Chambige l'avait passionné. Elle l'avait aussi lue dans les journaux et les gazettes sentimentales. D'ailleurs toute la cour et Vienne ne parlaient alors que de ce procès qui avait défrayé la chronique tant s'y étaient mêlés d'interdits, de mystère, de scandale et de volupté. Il s'agissait d'un jeune garçon nourri de littérature qui rêvait de mourir : Flaubert le fascinait et il se prenait pour Frédéric Moreau ou Madame Bovary, un de ces ratés de la vie, un de ces « fruits secs », comme disait Flaubert lui-même, qui avaient trop demandé à la vie et qui, un jour, se retrouvent desséchés de trop d'illusions perdues. Les héros de Dostoïevski représentaient aussi à ses yeux cette douleur d'être inutile sur la terre, cette soif de toujours plus et d'encore qui se terminait en « à quoi bon ? » amers. Chambige donc habitait Sidi-Mabrouk, près de Constantine et s'était épris d'une jeune femme mariée. La seule issue possible à leur liaison était la mort. Ils décidèrent de se la donner. La jeune femme accepta sans frémir le défi et, un soir, Chambige lui tira dans son lit deux balles de pistolet. Retournant aussitôt l'arme sur lui, il tira, se blessa mais ne se tua pas.

L'histoire avait passé les frontières du Constantinois, s'était répandue comme une traînée de poudre dans tout le pays et jusqu'en Europe et les deux amants avaient pris soudain des allures de maudits et d'amants mythiques. Rodolphe en avait eu vent et sans cesse en parlait à Mary qui, loin de trouver étrange cette obstination, rêvait elle aussi de ces amants courageux et fous. Il y avait chez elle cette manière de provoquer les institutions, les lois si strictes de la cour, cette façon d'aimer qui se donnait tout entière jusqu'à la mort.

Souvent Rodolphe et Mary en venaient à rêver des amants de Sidi-Mabrouk, des heures qui durent précéder le drame, de l'intensité fébrile des étreintes, des derniers baisers, des dernières roulades des corps avant qu'ils ne se figent dans la mort, crispés par les balles.

C'était là en fait le vrai voyage auquel aspirait Rodolphe. Il y avait chez lui, tentait-il d'expliquer à Mary, cette longue chaîne de violence, cette soif d'absolu qui ne pouvaient s'épancher que dans la mort. Et puis, disait-il, « j'ai tout vu de ce monde, j'ai fait le tour de ce qu'il donne à voir. Je suis avide de connaître la nuit, sa lumière, celle que regardent obstinément les morts et toujours. »

Mary ne disait rien, elle écoutait, silencieuse, et au fur et à mesure s'effilochaient les rêves des îles Borromées, la paix tranquille des petites rues de Corfou, le soleil tiède de novembre à Bordighera. Les mimosas, les glycines, les promenades alanguies sous les ombrelles de soie comme celles que faisait Sissi, tout s'étirait comme dans les cauchemars et prenaient place l'obscure bouche de la mort, l'immense espace noir et secret qui la fascinait aussi. Rodolphe lui avait fait lire les articles de journaux consacrés au procès Chambige. On y parlait des « fatigués de la vie ». Mais au juste, l'était-elle, « fatiguée de la vie » ? Avec cette obstination de vivre, cette rage de paraître la plus belle aux bals de la cour et au Prater, et surtout cette sorte de feu intense qui l'animait toujours, cette braise dans ce regard si particulier, ce bleu qui, d'ordinaire, chez les autres, rend joli mais manque de pénétration et d'acuité et qui, chez elle, avait l'impression de briller avec une vivacité terrible, pareille à celle qui animait les prunelles des animaux aux aguets ou aux abois.

Avec tout cela, elle n'était pas « fatiguée de la vie », mais prête à tout, elle le savait, pour suivre Rodolphe.

Et quand il lui parlait de ces amants-là, Rodolphe tirait les lourdes tentures de ses appartements, toutes les mêmes, rouge immense, et soudain la chambre devenait oppressante, mortelle, presque sanglante. Elle avait l'impression alors d'être clandestine dans la vie, livrée à des mondes dont elle n'avait pas les clés. Comme ici, dans cette berline qui rejoint Mayerling et qui, rideaux tendus, prend l'air à ses yeux d'un catafalque...

Elle n'arrive pas tout à fait à comprendre le déroulement de l'histoire, elle ne sait pas comment tout s'enchaîne si vite, comment un jour la mort la happe, la prend sous son bras. Elle croit danser avec le prince Michel de Bragance, le beau cousin de l'archiduc qui lui fait la cour, et c'est la mort qui l'entraîne; il y a des valses de Strauss mais elles sont trompeuses, tout va très vite, la mort tourbillonne et fait ses pirouettes. Elle ne sait pas pourquoi elle a refusé de s'incliner devant l'archiduchesse Stéphanie, il y a à peine deux jours, samedi dernier 26 janvier à l'ambassade d'Allemagne.

C'était disait-on, la fête la plus gaie de la saison, mais elle n'y voyait que le cérémonial propre à tous les bals, ces hommes et ces femmes, vrais pantins de soie et de brocart, virevoltant sur les musiques des Strauss, ces révérences, ces artifices, ce brouhaha qui courait entre les groupes, se répandait. Elle dansait donc avec Michel de Bragance et voilà qu'une soudaine envie, furieuse, incontrôlée, la força à se raidir devant l'archiduchesse, à la défier du regard jusqu'à ce que ce soit elle, Stéphanie, qui quittât les lieux, ulcérée, haineuse. C'était comme dans les tragédies, celles de Shakespeare, des Allemands ou des Français, celles qu'elle prenait plaisir à relire. Tout commence dans les bals et les fêtes et des rets invisibles se tendent, s'infiltrent et vous font prisonniers. Elle croyait que c'était sa liberté qui lui commandait de rester droite et scandaleuse mais en fait, elle le savait bien maintenant, elle ne s'appartenait déjà plus, tout entière soumise à la passion et à la mort.

Dans l'assemblée, la nouvelle se répand : on croit à une rivalité de femmes. Il n'en est rien cependant, c'est ce que l'apparence veut bien montrer. C'est plutôt le jeu de l'amour et de la mort, implacable, terrible.

Des lustres de cristal étincelants aux cahots de cette route qui l'entraîne, il y a la même histoire, et elle le devine.

C'est comme si la mort avait jeté le masque; elle commande tout, elle joue, elle a sa proie, elle ne la lâchera plus. Elle dansait hier, elle buvait du champagne français, elle riait; maintenant, la mort court sur la route, les nuages filent dans le ciel, de la neige, lourde, arrive par paquets, bientôt, tout à l'heure, elle s'affalera sur la campagne entière et ce voyage qui n'en finit pas, cette route durcie de glace qui fait patiner la voiture, ce froid qui entre par les interstices des portes. La forêt, immobile, est infiniment présente. Elle encercle l'horizon. Mary sent sa présence. Il fait soudain encore plus froid. Elle frissonne, de l'intérieur. Elle a peur.

A Mayerling, cependant, les domestiques s'affairent. Le pavillon, fermé depuis des mois, prend des lueurs sépulcrales et sinistres. Ces animaux empaillés, trophées de chasse de l'archiduc, hier bondissant à travers les bois et les taillis, buvant aux ornières l'eau des pluies, broutant aux troncs des arbres les herbes sauvages qui s'y accrochent, se pendant aux guirlandes de lierre sont à présent là, décapités, semblant ricaner, leur bois ne fendant plus aucune broussaille, ne brisant plus aucune couche de glace, alignés les uns à côté des autres, la narine non plus frémissante mais bouchée à la cire, cette truffe autrefois humide, tremblant au moindre indice, aujourd'hui figée, ces yeux agiles à saisir l'obstacle et qui avaient cette tendresse des naïfs et des innocents, ce regard toujours neuf sur la forêt, cette vie qu'ils menaient, à n'être que là, présents, vivant la vie, heureux. Et ce col enfin qui, autrefois, sentait passer les fils d'herbe, cette glissade des branches le long du poil maintenant collé à une planche de bois finement découpé, cette tête seulement, comme mémoire de ce qu'ils ont été, faons et biches bondissants, cerfs majestueux, arpentant les clairières, bêtes des forêts livrées aux renouvellements des sèves, guettant les bourgeons frais à mordiller, connaissant le bonheur de brouter les feuilles naissantes quand mars laisse apparaître ce réseau vert très pâle qui ressemble à du tulle, la douceur des hardes quand le crépuscule tombe et que tous s'allongent au coin le plus abrité et le plus profond de la forêt et qu'au loin, très loin, ils entendent à peine l'agitation des villageois. Les voilà plaqués aux murs, collection de l'archiduc, caprices de Rodolphe.

Tous les domestiques attendent Mary pour midi. On sait qu'elle a quitté Vienne vers dix heures ce matin même, on compte large à cause du temps et du verglas.

Kathie qui a l'âge de Mary n'aime guère ces préparatifs. Elle sent que Mary ne se plaira pas ici. Il y a comme une complicité mystérieuse qui la relie à elle. Elle ne voudrait pas qu'il lui arrive du mal, qu'elle s'ennuie, qu'elle soit malheureuse. Qu'elle ait peur enfin dans la tristesse grisâtre de Mayerling.

Elle compte sans l'amour. Mary ne craint rien quand Rodolphe est là. Elle trouve auprès de lui ce réconfort qu'aucun homme ne sut lui donner encore. Il lui parle des choses qu'elle aime, qu'elle lit dans les livres, des grands voyages sans retour, des étreintes immenses dont on ne s'échappe que par la mort, des grands nuages qui filent dans le ciel de Mayerling et dont elle voudrait bien qu'ils les emportent. Les roses sont en place dans tous les appartements de l'archiduc. Elles trônent, bien raides, dans des vases de porcelaine. Elles dégagent des senteurs capiteuses qui sont un peu trop fortes pour les pièces.

Avec la chaleur que commencent à diffuser les poêles, une lourdeur pesante et maladive s'empare de la demeure.

Sous le manchon de phoque, Mary roule sans cesse autour de son doigt la bague de fer. Chaque enjambée des chevaux la porte à son nouveau destin. Comment donc vont se passer ces heures seule à seul avec Rodolphe ? Iront-ils se promener dans le froid de la forêt ? Resteront-ils sans cesse dans leur chambre jusqu'à mourir d'amour et de caresses ? Lui racontera-t-il son enfance, quand toutes choses dormiront, quand seulement ils entendront quelques bruits de bêtes dans le lointain et les poutres craquer au-dessus d'eux, lui parlera-t-il de sa mère Sissi, qu'il aime et ne voit cependant jamais, des femmes qu'il a connues ? Des tendresses qu'elles lui donnaient, des besoins d'ailleurs, de ces courses terribles et désespérées dans la ville, la nuit, de ses débauches et de ses retours au petit matin, seul avec la morphine pour l'aider encore à vivre ?

Lui parlera-t-il encore de son cousin bien-aimé, le roi Louis qui, perdu dans les brumes de Nechweistein, tâchait de vivre, devenait fou à tenter de contrôler ses désirs, à repousser ces jeunes garçons qui, seuls, lui plaisaient et dont les étreintes chaudes le culpabilisaient cependant, le torturaient de désir et de remords ? Lui racontera-t-il les fugues qu'ils faisaient alors dans les forêts et près des lacs, délaissant l'exercice du pouvoir et fredonnant les chants de son seul ami Richard Wagner ?

Elle pensait bien que Mayerling, plus que la Hofburg, se prêterait à ces confidences. Là, il n'y aurait que la forêt comme témoin, le mutisme des bêtes, recroquevillées dans le froid, le dur silence de la neige et plus le regard des autres. Eux, eux seuls comme jadis ils ne l'avaient été ni pu l'être, car même dans les appartements privés de l'archiduc, elle ne s'était sentie seule. Cette Hofburg, peuplée de fantômes, de valets, d'espions et d'ennemis qui guettaient ses moindres faits et gestes et l'empêchaient d'aimer comme elle aurait voulu, pleinement, en donnant tout, jusqu'à sa vie, comme les romans le lui avaient appris.

Une bourrasque de neige ralentit la route. Bratfisch ne voit plus rien. C'est en face d'eux maintenant un pâle écran blanc et des fouets de neige qui giflent l'air, lacèrent le ciel, crachent sur la capote de la berline.

Il faut s'arrêter. On ne distingue personne sur la route. Mary descend. Elle défroisse sa robe, tape sur son manteau de fourrure, ramène le col très haut sur ses cheveux. Elle se retourne. Tout autour, elle ne voit que blancheur immaculée, des corbeaux tachent le chemin, prennent le sillage jauni des roues pour quelque nourriture à glaner.

Il n'y a que des arbres, voûtés sous la neige, immenses; où est donc la forêt viennoise de ses fugues heureuses ? Où est la taverne de Baden avec ses jolis strudels à déguster qui ressemblaient à de petites bûches de Noël ? Où sont les valses de Strauss qu'elle n'aimait guère à dire vrai mais qui la rappelaient, sans cesse, par leurs tourbillons, à la vie ?

Ici, c'est le blanc et le blanc est sans couleur. Sans vie. Elle pense que la mort, c'est le blanc, le rien, le vide. Et cette forêt a souvent l'allure d'une mort : aucune vie ne court entre ses veines, pas de sang, pas d'artères, pas d'organes qui battent. Tout est immobile et le froid fige ce qui bourdonne de vie dessous la tige, derrière l'écorce, ce qui commence à poindre et a du mal à s'extirper de sa gangue gelée.

Elle se sent différente des autres, de ses amies de jeux, de sa sœur même qu'elle ne comprend pas toujours. Elle, ce qu'elle a voulu, c'est toujours plus, aimer comme les héros, aimer et toucher à ce qui fait mal quand on aime, à cette douleur unique et indéfinissable qui devient soudain intolérable et qui fait demander grâce, c'est-à-dire dans la nuit de l'amour, la mort. « Oui, aime-moi, lui disait-elle, aime-moi mais si fort que j'en meure, tout se brouille dans ma tête, je ne sais plus qui je suis, j'ai tout rompu, la mémoire n'existe plus, mais que cela cesse et m'emporte avec toi dans l'inconnu. » Et les lames de l'amour les emportaient, les entraînaient très loin et les ramenaient ensuite comme des épaves échouées sur ce lit de mort.

C'est cela qu'elle se dit dans la rafale de neige qui lui cingle le visage mais lui fait perdre conscience tant les picotements des cristaux de glace sur les joues l'anesthésient, et ces arbres autour, étranges, qui tournent dans sa tête et qui semblent la perdre avec elle et l'emporter. Derrière elle, Vienne, ses fêtes et ses intrigues et ce protocole absurde qui l'ennuyait tant. Devant elle, maintenant, c'est l'inconnu. Elle croit voir aussi quelques paysans qui s'abritent de la neige sous les amples couronnes des arbres. Elle ne sait pas que c'est la police de l'empereur, ainsi déguisée, qui surveille déjà Mayerling.

Tout, d'ailleurs, depuis sa rencontre avec l'archiduc Rodolphe avait pris figure de piège et de mystère. Très vite, elle avait basculé dans l'univers sombre des clandestins de la vie; à la Hofburg déjà, elle connaissait le malheur de ne pas aimer au grand jour, ces déambulations si longues dans les labyrinthes du palais pour le rejoindre et dont Rodolphe lui disait qu'elles lui faisaient penser aux prisons de Piranese, les billets qu'il lui faisait passer par Marie Larisch, qu'elle lisait certes, mais qu'elle ne pouvait conserver car Marie les reprenait aussitôt, les rendez-vous manqués, les regards amoureux, toujours plus de désir, toujours plus de besoins que le prince jetait sur les autres femmes, l'atmosphère de silence à laquelle elle était contrainte et maintenant cette course dans la neige et le froid pour rejoindre, encore cachée, celui qu'elle aime tant.

Depuis sa liaison avec Rodolphe, elle n'en finissait pas d'étonner ses proches. Elle tenait des propos décousus, quelquefois même incohérents, ou bien franchement incongrus. Ainsi, un après-midi qu'elle était allée patiner au Stadparc de Vienne, avec le comte Wurmbrand, entre deux figures gracieuses, les joues roses et fraîches comme une adolescente heureuse de vivre, serrée dans sa petite pelisse de loutre bordée d'hermine, elle lui avait confié qu'elle mourrait bientôt et qu'elle lui léguerait une bague à laquelle elle tenait, disait-elle, beaucoup. Wurmbrand n'y avait guère prêté attention mais cette réflexion l'avait troublé et mis mal à l'aise. Puis très vite, elle lui avait pris le bras et l'avait emporté dans la foule des patineurs, et tout en éclatant de rire devant ses airs empruntés, s'ingéniait, espiègle, à lui faire composer sur la glace des figures difficiles et des pas de valse.

L'air vif de Vienne fouettait vigoureusement la peau mais il ne neigeait pas et le ciel, bleu intense, faisait penser aux vacances. Toutefois, c'était déjà là l'étau qui se resserrait et qu'elle sentait maintenant. Vers quelle issue fatale Rodolphe l'entraînait-il? Était-ce donc la mort qu'il avait réellement gravée sur la bague et à laquelle il la conviait maintenant? Elle frissonne encore en regardant autour d'elle : ce ne sont que neige et tourbillons de flocons qui valsent eux aussi à leur manière, confuse et si douce à la fois. Serait-ce donc cela que de mourir aussi, comme ces flocons qui tombent si lentement, sans qu'on les sente, discrètement, en s'affalant?

Elle remonte dans la voiture. Elle ne veut plus rien voir jusqu'à Mayerling de la neige et des bois blancs. Elle tire les rideaux de velours. Elle se dit qu'elle resserre elle-même le piège. Ne plus rien voir. Sentir seulement les hoquets des roues sur la route glacée, entendre peut-être piailler les corbeaux affamés, rameutés par la poudre de neige qui s'élève après eux, et les cris rudes de Bratfisch qui maugrée, juché là-haut, sur son siège, en fouettant les bêtes.

Elle se souvient du lit aussi dur que cette banquette de voiture où Rodolphe la prit, le 13 janvier dernier, quinze jours à peine, ce jour où elle avait emprunté comme à l'accoutumée le long corridor sombre garni de torches; des ombres passaient et quelquefois lui parvenaient les croassements du corbeau de Rodolphe qui l'attendait.

Tout s'était passé cette fois-là très vite. Elle n'avait pu elle-même résister à ce flot de la passion qui la tenaillait, ce n'était plus l'archiduc qui était dans ses bras, c'était cette force de vie qui la pénétrait, lui forçait le corps, ce n'était ni le jour ni la nuit, ni elle-même qui était là mais quelque chose qui se donnait et qui s'échangeait. Quelquefois elle voyait buter contre sa poitrine le petit médaillon doré que Rodolphe portait autour du cou et dont il lui avait dit qu'il contenait du poison. Elle mélangeait tout, l'amour, les passions qu'on peut lire dans les livres, elle était l'héroïne de ses romans, elle n'était plus rien aussi, petite fille du Levant livrée aux grands passages de l'amour, aux violences, aux absences de l'esprit et dès lors elle savait qu'elle appartenait à Rodolphe, qu'il s'était passé ce soir-là une histoire irrémédiable qui traçait le chemin à jamais et qu'il fallait désormais avancer, toujours, où ? elle l'ignorait, mais qu'importait, avec lui, avec lui bien sûr.

En échange du porte-cigarettes en or qu'elle lui avait offert, elle lui avait demandé un peu de son sang, une goutte qu'elle avait fait glisser comme une perle sur un bout de fin linon blanc qui avait fait tache très vite, s'était répandu en une sorte de gros pétale dentelé de pivoine pourpre. Elle l'avait placé dans un médaillon et avait décidé de le garder autour de son cou. Elle aimait ces gages, ces signes qu'eux seuls pouvaient comprendre, ces mystères connus d'eux seulement et ce goût de l'ailleurs qui les travaillait tant.

Cependant, il lui disait souvent qu'il l'aimait parce qu'elle était la vie, que c'était elle le seul lien qui l'y retenait, pas même sa petite fille au prénom hongrois, Erzsi, avec laquelle pourtant il aimait jouer à genoux et pour laquelle il se déguisait rituellement chaque Noël en bonhomme barbu. L'image de sa fille même était parvenue à le dégoûter de vivre, lui montrait chaque jour l'échec de son mariage, lui faisait davantage haïr sa femme, Stéphanie, qui ne pouvait plus lui donner d'enfant et dont la lourdeur d'esprit et le manque de grâce le rendaient furieux. Mary, c'était soudain dans sa vie ce petit elfe très gai qui se donnait à lui sans rien demander en échange et qui l'accompagnerait partout, elle le lui avait promis.

Confusément, Mary ressentait envers Marie Larisch une haine secrète. C'était elle qui lui avait révélé des histoires qui la tourmentaient, qu'elle aurait préféré ne pas savoir, elle qui paraissait jouir de cette attention qu'elle portait à leur liaison comme si elle avait dessein d'un plan, qu'elle-même, Mary, n'arrivait pas à concevoir. Hier encore, elle lui avait parlé des crises dépressives de Rodolphe. Ainsi l'archiduc ne pouvait se suffire de leur amour. Il y avait dans cette rencontre comme un goût latent de mort, une saveur cruelle, un bonheur introuvable. Elle avait imaginé pouvoir guérir Rodolphe. Lui donner cette force de vie, cette énergie qu'elle sentait en elle si forte, cette sève qu'elle entendait monter en elle et qu'elle ne pouvait quelquefois canaliser. C'était cette tendresse, cette naïveté qu'elle allait lui transmettre. Mais Marie Larisch la ramenait toujours à des révélations odieuses, insurmontables. Elle avait ainsi appris qu'il ne pouvait se passer depuis plusieurs semaines déjà de la morphine. Il en aspirait, s'en injectait, vivait des « heures blanches » comme il disait, où il n'était plus personne, surtout plus l'archiduc Rodolphe avec tous ces visiteurs qui le harcelaient, et loin de cette étiquette absurde dont il ne pouvait se défaire contrairement à sa mère qui avait réussi à imposer ses absences à l'empereur et à la cour.

Il en prenait régulièrement tous les jours; seuls ses animaux empaillés et son hibou en étaient les témoins. Il s'allongeait là même où ils s'étaient aimés, et il se séparait du monde, se coupait des bruits, en rejoignait d'autres, quelques lieux inconnus et transparents qui lui donnaient du bien-être, comme un vide dans lequel il ne tombait pas mais où il flottait, heureux. Mary ne savait pas très bien ce que cela signifiait. Elle savait seulement que Rodolphe se perdait, qu'il était désespéré, elle usait de ses forces vives pour conjurer son angoisse mais au fond d'elle-même, elle savait bien que la lutte était trop injuste et inégale.

Rodolphe aimait souvent aussi lui parler de la Dame blanche des Habsbourg, cette dame transparente et si fluide qui venait souvent dans les couloirs de la Hofburg leur rendre visite. Et dans les plis de sa robe, elle emportait toujours quelqu'un des leurs, comme si une malédiction terrible les poursuivait, décimait leur famille. De sorte qu'au palais, la Dame leur était devenue familière, on la sentait rôder quoiqu'on ne la vît point, mais on savait qu'elle passait souvent, faisait des projets, se promenait, ricanait même en défilant devant les portraits de ceux qu'elle avait ravis. Durant son enfance, Rodolphe avait été élevé dans la hantise de la Dame blanche. Petit garçon, il s'en souvient, il la suppliait de ne pas lui enlever sa maman, la bonne Sissi et l'impératrice souriait tristement.

Jamais Mary n'avait connu une enfance aussi troublée. Chez elle, la vie était plus gaie, plus franche aussi. Les origines orientales de sa famille l'avaient habituée à une atmosphère plus ouverte, moins mystérieuse et elle avait de la peine à comprendre ce réseau de tensions qui existait autour de Rodolphe. Cette fatalité du malheur dont il semblait accablé faisait de lui à ses yeux un personnage de roman, un héros comme ceux qu'elle avait l'habitude de voir évoluer dans ces drames romantiques qu'elle affectionnait particulièrement.

Y porter quelque intérêt, c'était déjà pénétrer le mystère de cette faille. Dans la voiture, elle a comme des sursauts de conscience : elle se dit qu'elle va à la mort. Elle a ce pressentiment.

N'a-t-elle pas déjà rédigé son testament au lendemain même de leur première nuit d'amour ? Quelle saveur mortelle s'était donc emparée d'eux, quelle douleur terrible avait-elle ressentie comme un coup de poignard, quelque chose qui avait trait à la mort même ?

Et ces photographies qu'elle avait fait réaliser par le

meilleur artiste de la ville et dont elle avait demandé que tous les clichés soient détruits après sa mort? Elle avait déjà senti que l'amour était passé comme un ravage, une coulée énorme qui l'enlisait et la traînait vers d'autres mondes.

Dehors, Bratfisch braille toujours contre ce maudit temps qui bouche tout le paysage, la route devient dangereuse, verglacée, lisse et luisante comme un miroir. Derrière elle, Vienne est déjà très loin. C'était hier qu'elle jouissait encore d'entendre la rumeur d'admiration de la cour sur son passage, les murmures derrière les éventails, les « c'est la petite Vetsera, oui, la petite Vetsera, regardez comme elle belle, comme elle est jeune! »

Elle est presque accroupie sur sa banquette. Elle n'a ni chaud ni froid et elle ne voit rien. Elle subit son destin.

Pendant ce temps, les vertes coulées de la forêt se couvrent du silence blanc de la neige. Quelque chose d'oppressant gagne tout, atteint le cœur chaud des sèves montantes, les tiges poisseuses de lait et fait crisser les branches mortes et rousses des fougères énormes. La neige encore étouffe les cris de la terre, brûle les feuilles, hier si luisantes de suc, s'abat comme du coton. La forêt maintenant trahit les traces des animaux, le galop des bêtes, leur course furieuse et affamée, la déambulation irrégulière des oiseaux s'échappant des nids en quête de quelques souches tendres où frotter le bec.

Peu à peu, elle devient opaque et sourde. On distingue nettement le frémissement haletant des feuilles qui veulent s'échapper, cette manière si particulière qu'elles ont de s'ébrouer, pour tenter de faire tomber cette gangue de blanc; quand elles lèvent les yeux, les bêtes voient l'immensité du ciel rejoindre la forêt.

Et cette neige chasse les lourdes odeurs des bois. A

peine quelques relents de feuilles mortes, croupissant dans les ornières lâchent-ils une vague odeur âcre et mortelle. Les bosselets de mousse d'où jadis s'échappaient des ruminations d'humidité sont comme vernis de neige, les incalculables tresses des fougères ne se hissent plus ensemble en hampes vertes, c'est partout une haleine d'hiver qui oublie les sensations des bois, rend muettes les essences des arbres, contient leur ferveur, les odeurs épaisses et musquées des résines qui, l'été, suintaient en gouttes dorées, poissaient les feuilles même où venaient se nourrir les bêtes.

Il n'y a plus rien à attendre des pousses de printemps, des différents verts qui, d'ordinaire, couvrent la forêt, des sentiers précis où passaient les biches et les lièvres, des chemins de bave qu'empruntent les limaces. La neige enveloppe tout. Il semble même qu'elle étouffe définitivement les cris, les frissons des plantes, les sursauts des feuilles qui se croient trahies, leur précipitation à sortir de leur étui de froid; les murmures des bêtes, seuls, quelquefois, crèvent l'opaque écran glacé, montrent qu'il y a, là, de la vie cachée.

Le spectacle que donne à voir la forêt est grandiose. Du blanc et encore du blanc que vient troubler le bleu des sapins et le roux des chênes. Mais c'est comme un assassinat, une mutilation.

L'oppressant silence des bois qui bruissait hier encore verrouille les cris et les courses.

Plus rien ne bouge. Il faut attendre.

Elle avait tout voulu savoir de Rodolphe, ce qui se rapportait à lui, à son enfance, à ses jeux préférés, comment il avait grandi loin de sa mère, ce qu'il avait appris, « les comtesses hygiéniques » comme on disait à la Hofburg, celles qui l'avaient initié à l'amour, l'intimité de son couple. Elle disait qu'elle faisait ainsi « sa collection » de souvenirs, d'images. Elle en glanait partout, à l'affût du moindre détail, du moindre indice et peu à peu comme dans ces jeux anglais qui étaient alors à la mode, elle reconstituait sa vie, son monde imaginaire, ses souffrances aussi. C'est pour cela qu'elle tenait à conserver Marie Larisch dont elle soupçonnait bien le rôle perfide mais qui la servait momentanément. C'était elle en fait qui lui fournissait ses plus belles images : élevée avec l'archiduc, elle connaissait ses goûts, ses caprices, ses angoisses.

Elle avait très vite compris qu'on vivait à la Hofburg en interprétant les signes les plus anodins comme si la destinée de la famille impériale était liée au moindre événement insolite. Elle trouvait plutôt étrange qu'on s'attachât ainsi à de si petits faits, dans ce palais où régnaient la majesté et la monumentalité. Dans ce décor pompeux où chacun se sentait écrasé par ces énormes sculptures de pierre, ces fontaines gigantesques, ces salles recouvertes de fresques épiques, l'entrée affolée d'une corneille par les hautes embrasures prenait aussitôt allure de funeste présage, pesait sur la vie quotidienne comme un malheur à venir. Elle avait ainsi appris que quelques heures à peine avant que l'impératrice Sissi ne mette au monde Rodolphe, à Schönbrunn, un immense lustre de cristal s'était décroché du plafond de la salle des cérémonies dans un fracas épouvantable, les mille pendeloques de verre de Venise ricochant, acérées, sur les grands panneaux de Meytens, blessant au passage les portraits, renversant quelques crédences, entraînant avec elles des potiches rares de porcelaine chinoise.

Tandis que Sissi ressentait les premières douleurs dans ses appartements de la Hofburg, que l'enfant poussait déjà, on avait voulu lui épargner ce présage, la laisser reposer entre ses petits Meissen qu'elle affectionnait tant et ses chers tableaux représentant Flick et Flock, ses deux chevaux lippizans qui étaient tout pour elle avec ses chiens. Mais au regard des témoins, ce lustre énorme était lourd de sens, faisait signe de fracture, comme il avait entaillé le plancher de marqueterie. La vie de la famille impériale, elle l'avait remarqué, se ponctuait ainsi d'effrois, de fêlures qui tissaient toute une toile de malheur dont Sissi était bien consciente, portant avec elle le fardeau des Wittelsbach, leurs cortèges de malheurs, leurs morts violentes. Mary savait qu'intuitivement, l'impératrice était certaine de mourir de manière terrible ; c'était pour cela qu'elle voyageait toujours, conjurant à sa façon ses angoisses et son destin, aimant la vie par-dessus tout, faisant le bien autour d'elle, aimant les îles du soleil pour mieux rejeter cette ombre qui planait sur eux tous, rapportant avec elle de ses errances des oiseaux au plumage bariolé et aussi des canaris de Madère, son île préférée, des chiens rares et frétillants, des poneys, une véritable ménagerie qui lui donnait des forces de vivre et de combattre.

Avec Rodolphe, Mary n'avait connu que l'autre versant du bonheur : le noir corridor de la Hofburg, celui que ne voulait jamais emprunter Sissi pour le rejoindre ; les pas résonnaient dans les longs couloirs et sans cesse cette histoire sourde des bruits de mort qui hantaient leur vie. Elle se souvient du jour où dans sa « collection », elle avait consigné cet incident qui l'avait fait frissonner et que la dame de compagnie de l'impératrice lui avait rapporté : cette chute atroce que Rodolphe, tout petit, avait faite tandis que sa mère faisait une cure à Kissingen, encore une fois loin de lui. Il avait alors cinq ans et, en voulant monter à un arbre, il avait sauté un barreau de l'échelle qu'on lui avait tendue. Il était tombé d'assez haut, suffisamment pour que sa tête heurte durement une pierre. Il s'était évanoui sous le choc et depuis cet incident, que Bismarck lui-même, accouru en toute hâte, reconnaissait comme très grave, on craignait pour sa santé. L'enfant avait souvent des absences, était devenu étrange, rêveur, capricieux, coléreux et cruel avec les animaux, prétendait voir des silhouettes passer devant ses yeux, et l'on murmurait à voix basse que c'était peut-être la Dame blanche qui l'avait visité. Mary l'avait vu, à ce moment-là de son enfance, sur des photographies qui circulaient dans toute la ville, bien assis, là, dans sa carriole de bois peint de guirlandes, guidant un attelage de petites chèvres blanches, semblant caracoler avec leurs petits nœuds de soie autour du cou. Images exquises que Mary ne se lassait pas de regarder car elle y voyait la magie de l'enfance, la grâce d'une vie que rien ne viendrait abîmer.

Elle en avait, d'autres images pareilles, celle par exemple où Rodolphe jouait avec ses sœurs dans leur maison d'enfant, entouré des chiens déguisés, dans le parc de Schönbrunn. C'était en 1863. Elle n'était pas encore née mais elle éprouvait déjà à regarder ces photographies, une impression étrange, jouissante et mortelle à la fois, comme si elle entrait clandestinement dans la vie du prince. A pas feutrés.

Elle se souvient des jolies piécettes du poète Henrich Heine qu'elle avait apprises par cœur, celles qui chantaient l'amour tout neuf, « les roses, les lis, les colombes et le soleil », celles encore où elle avait refusé de voir la mort qui rôdait entre les lignes, et qui lui revenaient maintenant : « Au merveilleux mois de mai, comme tous les bourgeons éclataient dans mon cœur aussi, l'amour est éclos. » C'était pour cela qu'elle chantait quand elle s'était rendue autrefois dans les allées du Prater, qu'elle cherchait avidement le landau de Rodolphe, à travers les arbres qui roussissaient déjà, et elle connaissait ce frémissement du cœur dans la poitrine, cet affolement qui la faisait tournoyer, cette pensée absolument tournée vers celui qu'elle aimait et tout, autour, pouvait s'abolir, se détruire, c'était le début du monde, sans souci ni pleurs, sans la mort qui viendrait plus tard les tourmenter et les prendre.

Et soudain, dans cette voiture qui la remue sans ménagement, elle se prend à se rappeler les chants de mort qui s'insinuaient dans les poèmes, cette souffrance qui faisait haleter Heine de douleur, cette fuite dans le rêve qui le menait à l'inconnu, loin, très loin de la bonne taverne de Brême où il s'enivrait du divin parfum des roses. Elle sait qu'à Mayerling, il n'y aura pas le brave sommelier de Brême qui lui rendra la ferveur et la foi. Elle se dit qu'une détresse infinie semble lui ronger le cœur. Elle ne sait plus très bien s'il s'agit vraiment d'un rendez-vous d'amour. Et si les poètes avaient raison? Si l'amour, comme ils le prétendent, c'était aussi la mort?

Il aimait lui dire qu'il l'emmènerait à Lacroma, cette petite île en face de Raguse où il avait pris l'habitude de se rendre quand la vie lui devenait si difficile. Depuis trois ans déjà, il y allait. Il se contentait d'une petite maison installée dans l'ancien couvent de Richard Cœur de Lion et la précarité du lieu ne le gênait pas : après les fastes solennels de la Hofburg, il aimait au contraire se retrouver là parmi les fleurs, se promener entre les allées des jardins que les chats avaient investies, se reposer sous les tunnels de glycines ou sous les berceaux de roses. Il y trouvait cette paix, passagère il est vrai, une sorte de halte pour ses maux. Lacroma était ainsi devenue pour lui comme un monde inaccessible, une chimère qu'ils caressaient ensemble, un peu comme la mort qui, elle seule, saurait les réunir.

Il lui parlait du climat si doux qui y régnait, de la douceur des petites maisons, de la tendresse rosée du cloître, de la familiarité des bêtes domestiques qui venaient se frotter contre lui en ronflant de plaisir, des camélias qui sortaient plus tôt qu'ailleurs grâce à la douceur de la lumière et surtout de la solitude si particulièrement attachée à l'île, qui lui donnait l'illusion de pouvoir tout dominer, de contrôler les saisons et les jours qui filent, de mieux comprendre le temps qui était si inhumain à Vienne, avec ces charges que sa fonction exigeait, ces cérémonies inutiles et grotesques; il disait encore qu'à Lacroma, il pouvait prendre le temps de mieux regarder les autres, de découvrir leur vrai visage, de les voir en pleine lumière. Car c'était de la lumière qu'il était surtout privé. De cette lumière douce qui tombait ici le soir sur toutes choses, ruisselait doucement sur les bouquets de roses et traversait le bleu livide des glycines, se coulait en frissons dorés dans l'Adriatique. De celle aussi qui se levait au petit matin nacrant l'île entière et cet amour qu'il portait au paysage entier lui donnait des airs familiers, loin des lambris dorés de Schönbrunn, des cataractes de marbre et de ces défis de pierre que les artistes baroques de son pays se plaisaient à relever, provoquant toujours plus la surprise car sous cette transe de marbre, il ne se sentait pas exister, mais se trouvait plutôt écrasé et prisonnier. Ici, le jour si doucement tamisé se donnait à lui et il se prenait à voir le monde autrement, de sorte que la douceur de Lacroma était devenue si légendaire à Mary qu'elle-même avait l'impression de la connaître déjà et elle parlait de cette île à ses proches comme d'un lieu familier. Elle aurait aimé qu'il choisît plutôt Lacroma que Mayerling dont l'étau de verdure devait rendre le pavillon de chasse plus éprouvant et plus mortel. Elle savait aussi qu'après chaque séjour qu'il faisait à Mayerling, l'archiduc revenait plus malade comme si cet endroit, loin de le rassurer, lui était fatal. Ses migraines l'emportaient au point qu'il croyait devenir fou et c'étaient les bêtes de la forêt qui payaient de leur vie ses accès de colère contre le sort qui lui était si cruel. Elle recueillait quelquefois ses confidences, c'étaient ses maux de tête que tous attribuaient à sa chute d'enfant qui lui donnaient le plus de souci. Alors, il se piquait à la morphine de plus en plus, se droguait à la cantharide. Lorsqu'il avait trop mal, il lui paraissait qu'en tirant dans la forêt, c'était sa douleur qu'il crachait le temps d'un éclair, d'une bête surprise dans l'élan de sa course, d'une fracture soudaine dans le paysage et il oubliait sa douleur. Mary frissonnait d'entendre ces récits et elle revenait à Lacroma, aux pierres douces de Lacroma, à l'étendue tranquille de ses eaux alentour, à cette espèce d'éternité qu'elle offrait à ses visiteurs; elle s'appliquait les jours où elle le voyait à conjurer sa douleur, ce malheur qui s'agrippait à lui et ne le lâchait plus.

Elle pousse un coin du rideau de la voiture qui la mène à Mayerling. La neige même n'aurait pas à Lacroma ce blanc de lame qu'elle a ici sur la route, cette dureté cinglante qui se brise en mille petits éclats de verre coupants sous les roues de fer. Et le vert des sapins, presque noir, ne ressemble pas aux buissons de feuillage si tendre du jardin des moines de Lacroma.

En fait, tout s'était dégradé depuis quelque temps déjà. Mary semblait venir comme le dernier maillon d'une chaîne fatale; c'était à elle de sauver Rodolphe ou de mourir avec lui. Elle comprenait là le sens de la bague qu'il lui avait offerte. Trop de fractures dans sa vie avaient ébranlé le prince, l'avaient rendu fragile, nerveusement inquiet et il subissait sans volonté apparente les deuils et les maladies de sa famille comme un héros tragique. Elle savait bien que lorsqu'elle l'avait rencontré pour la première fois, Rodolphe était déjà très atteint. On le disait fou, drogué, avide d'absolu, imaginatif et violent. Hanté par la mort, fasciné par elle, il la voyait partout, dans les couloirs dorés de Schönbrunn et dans ses appartements privés si sombres et si angoissants. Cette promiscuité si familière avec elle l'avait rendu ces temps derniers instable et fantasque. Il était capable de mille excentricités, jouissait des plaisirs de la chair avec une rage et une hystérie qui faisaient peur et mal à ceux qui l'aimaient. C'était pour lui comme une façon de se perdre et peut-être de trouver ce qu'il recherchait tant : cette lumière et cette paix. Au fin fond des corps des femmes et des courtisanes qu'il fréquentait, c'était le repos qu'il voulait trouver, se reposer comme l'île de Lacroma semblait paisible sur la mer. Mais tout toujours lui échappait, elle le devinait, Mary, et la solitude, sitôt l'amour fini, reprenait sa place et il se trouvait dérisoire, lui, Rodolphe, archiduc, héritier du trône, seul, désespérément seul. Mary percevait cette foi en lui, pardonnait ses débauches, jouait la lumière contre l'ombre, mettait des diamants dans ses cheveux, naïvement, comme pour maîtriser la mort. Mais c'était toujours vain. La nuit était de plus en plus forte. Épaisse, antique. Il y avait des démons et des monstres qu'elle ne connaissait pas dont Rodolphe lui disait qu'ils étaient ceux de sa famille et qui venaient les tourmenter régulièrement. Alors, elle passait ses mains dans ses cheveux, au-dessus de sa nuque, là où cela le faisait frissonner doucement, comme jadis, sa mère Sissi le caressait.

Il avait été très éprouvé par la mort de son cousin, Louis II de Bavière. Il aimait en lui cette force tout entière tournée vers l'ailleurs, vers des mondes absolus, vers des imaginations qui étaient loin des travaux besogneux de son père, l'empereur François-Joseph, qu'il méprisait. Louis était roi et cependant, il rêvait de musique, de poésie, de ces grands voyages de l'imagination. Jamais on ne lui avait permis d'aller lui rendre visite. Alors ils se contentaient de correspondre. Louis lui parlait de ses constructions fabuleuses, pharaoniques, de ses défis lancés aux architectes, de cette musique de Wagner qu'il aimait tant, de ces élans du cœur et de l'esprit, de ces amours qui ne sauraient connaître de marge ou de restriction, mais qu'il vivait seulement, sans discrimination. Il parlait souvent à Mary de ce roi tant aimé, de cette mort affreuse dont on ne savait rien : ce corps seulement retrouvé dans les étendues lacustres de Starnberg, la nuit, sa recherche à la lueur des flambeaux, et les cris des domestiques appelant au secours tandis que les chiens aboyaient dans la nuit lugubre. Cette brume qui montait du fleuve et le corps de son cher Louis flottant gorgé d'eau, plein de cette eau saumâtre, ses cheveux longs et bouclés plaqués sur ses joues, et la bouche ouverte qui n'en pouvait plus de se remplir d'eau, d'algues, de petites bestioles encore vivantes, et encore les torches, la résine des torches gouttant entre les mains des palefreniers, cette chasse à l'homme, mort, enfin retrouvé, cloué entre les roseaux et les joncs, ballotté dans l'eau, et sa tête, sa pauvre tête pleine des musiques de Wagner, dont il était si amoureux, Wagner lui aussi mort il y a quelques années à peine. Cette nuit terrible enfin qui n'en finit pas d'être si obscure et de repousser le jour pour qu'enfin le soleil puisse venir réchauffer l'endroit maudit. Voilà ce qu'il racontait à Mary et son imagination courait, sans s'arrêter, sans lien entre les phrases. Tout son esprit chavirait, la syntaxe même s'effilochait, les images couraient et couraient : « Ah, Mary, si tu savais, ces images, toutes ces morts qui passent. Mary, sauve-moi, sauve-moi. » Mary lui passait encore la main dans ses cheveux, comme on fait avec un baume pour soulager et lui parlait doucement de Lacroma, jamais de Mayerling. Lacroma, parce qu'il y avait des chats qui ronronnaient au soleil si doux et des pigeons qui s'ébrouaient sous le jet des fontaines. Oui, c'était là-bas qu'il fallait aller, à Lacroma, et elle parlait de tout abandonner, de tout laisser, les charges, les devoirs, « l'amour, l'amour seulement », disait-elle.

Mais Rodolphe continuait, il parlait de ces bouquets de jasmin qu'il avait portés sur le cercueil de Louis, ces jasmins si odoriférants qu'il aimait tant, il les avait placés dans ses mains raidies et l'odeur envahissait toute la salle ardente, le parfum des fleurs montait comme un scandale, comme quelque chose d'incongru, comme si la mort elle-même ne pouvait lutter contre ces odeurs de la vie; il lui disait qu'il aimait l'odeur poivrée des jasmins et des glycines, qu'il y en aurait beaucoup là où ils iraient plus tard. Et Mary croyait cela comme dans un rêve, elle disait oui, elle hochait doucement la tête, mais au fond d'elle-même, elle n'y croyait pas. Elle savait de plus en plus qu'elle était là pour l'aider à mourir, à changer de monde, et plus tard, elle savait aussi qu'elle l'aiderait à passer le mur, à franchir ce qui le séparait de ce qu'il voulait tant connaître.

Aller à Mayerling, c'était un peu pour elle la mort qui lui donnait rendez-vous. C'était pour cela qu'elle n'avait rien emporté. Avait-elle vraiment besoin de bagages, de vêtements nouveaux ?

Les bras de la forêt la happent avec une force terrible; on dirait des pinces d'animaux fantastiques qui la retiennent prisonnière. Elle avance, chaque enjambée la rapproche de Mayerling. Le bâtiment austère et noirâtre contrastera avec la blancheur sépulcrale de la neige qui entoure la forêt. Tout dans sa tête se brouille et se précise à la fois. A Vienne, cela ne pouvait durer plus longtemps. Des choses vont enfin se dénouer ici.

Cette histoire de Mitzi Kaspar trotte dans sa tête. On la lui a répétée. Elle ne veut pas y croire. Mais elle sait au fond d'elle-même qu'elle existe, cette histoire. Mitzi Kaspar, cette fille embourgeoisée que le prince s'est attachée quand il s'ennuie, qu'il va voir à ses retours de campagne et de beuverie.

On lui a dit aussi qu'elle n'est pas très belle, déjà empâtée pour son âge, mais si protectrice pour le prince. Elle sait qu'il va la voir très régulièrement, qu'il y a ainsi toute une suite de femmes qu'il rencontre. Mais il s'est passé quelque chose de troublant et de nouveau en décembre dernier. Mitzi Kaspar est allée prévenir la police que Rodolphe lui a demandé de mourir avec lui, qu'il a même tenté de se suicider avec elle. Elle a demandé la protection de la police, elle ne croit pas qu'il la forcera à mourir, mais elle n'est plus tranquille, elle a peur quand il l'embrasse, elle est mal à l'aise.

On dit aussi que le baron Krauss, le chef de la police, a pris très au sérieux l'histoire de Mitzi Kaspar. Depuis ce jour, Mary guette l'indice qui pourrait lui faire croire que Mitzi a dit vrai, qu'elle ne s'est pas trompée mais ne comprend pas non plus la nature de ce qui la tient, de cette force qui la relie au prince, de cette violence qui la tenaille, elle croit que c'est cela la passion. Elle connaît seulement ses effets pour les avoir lus.

Elle sait que cela prend à la gorge, qu'elle brûle, qu'elle semble se rétrécir, que la nourriture a peine à s'y glisser, que l'eau même a de la difficulté à passer. Elle sait cette agitation des membres, de la chair réellement frissonnante, cette occupation de l'esprit, cette vie de Vienne si gaie soudain indifférente, ces valses, cette musique qui lui donne des nausées, mais elle sent aussi cette envie d'être avec Rodolphe, exclusive, tout ce qui s'éteint sans lui, et qui soudain lui fait dire avec terreur : « Mais je l'aime, mais je l'aime. »

Alors qu'importe dorénavant la solitude austère de Mayerling, les arbres raidis de la forêt, vigiles sans âme de leur drame, qu'importe cet amour terrible comme la mort au fond de Mayerling, comme une trappe, comme un piège.

Il se referme lentement sur elle. Elle sent qu'elle n'en est pas loin. Pourtant le paysage est le même. Des arbres succèdent à d'autres arbres. Ils sont blancs. Encore blancs. Des bandes d'oiseaux continuent de tourner autour d'eux. Ce ne sont pas les mêmes, mais il y en a qui se déplacent en tournoyant. Ils tournoient au-dessus de leurs nids. Elle est lasse d'entendre le crissement des roues sur la glace.

Elle voudrait que tout se termine très vite. Elle a froid. Elle n'a même plus peur. Elle est presque indifférente. La neige tombe en tourbillonnant. Elle se dépose délicatement contre les vitres de la voiture. On dirait du coton ou de la gaze. Prostrée, elle la regarde fondre au coin des fenêtres. Elle se transforme souvent en glace, durcit, devient agressive. Derrière elle, à Vienne, malgré le froid, le Prater se couvrira de fleurs et de bruits. Les landaus bientôt afflueront. Elle sait aussi que ce qu'elle vit là n'est que pour elle. Les autres en sont-ils même dignes ? Elle ne comprend pas au juste où Bratfisch la mène vraiment. Mayerling. Le mot ne résonne plus doucement à ses oreilles. Elle voudrait dire « Mayerling » comme on dit « amour ». Elle pense à Heine, à ses poèmes pour l'aider, mais elle n'y arrive pas. Elle voudrait penser au feu qui l'attend, aux fleurs qu'il aura fait porter, aux nuits qu'elle va vivre avec lui. Elle ne sait plus. Elle est jeune encore. Depuis l'histoire de ce maudit cerf qu'il a tiré, elle n'a plus confiance. Elle a peur du cerf ? Voilà, c'est cela. Et s'il revenait ? Elle regarde par la vitre. Elle voit surgir une biche égarée. Elle détale, laissant des traces sur la neige. Elle fuit dans des fourrés mortifiés de gel. D'autres bêtes passent comme des flèches, traversent la route, empêchent Bratfisch de mener le train qu'il veut. Le jour est opaque comme recouvert d'une tulle blanc. Bratfisch n'aime pas ce voyage. Il se dit tout en faisant jouer son fouet sur les pelisses qui recouvrent les chevaux que cette blancheur, ces cristaux qui s'accrochent aux branches, c'est comme pour l'apparat d'un mariage. Depuis longtemps, il est le coursier des amours de Rodolphe, il aimait bien jouer ce rôle, ces femmes qu'il emportait pour son maître, belles ou laides, jeunes et moins jeunes, mais qui, toutes, dans la voiture, rêvaient, comme Iseult d'amour féodal, redevenaient midinettes, héroïnes et il faisait aller plus vite la voiture, vers Mayerling, vers la porte cachée de la Hofburg, vers la petite maison de Mödling, dans la forêt qu'il affectionnait tant. Quelquefois, c'était à des orgies qu'il emmenait ces femmes, et depuis peu d'ailleurs, Rodolphe les préférait aux rencontres à deux. Ils commençaient par des beuveries qui s'achevaient avec ses compagnons de plaisir sur les canapés. C'était comme une dérision de l'amour, une façon de conjurer son malheur, une rage furieuse qui s'emparait du prince pour calmer sa douleur, ses maux de tête horribles, alors dans le tourbillon des corps anonymes, il oubliait soudain tout, furieusement, en crachant sa souffrance. Mais Bratfisch ne voulait pas cela pour la petite Mary, elle était trop jeune, trop belle. Pourquoi ce rendez-vous secret si tôt dans le matin ? Pourquoi cette feinte pour que personne ne sache où ils se trouvent ? Et le cocher sentait quelque malheur se profiler au loin, comme si cette forêt même l'enserrait, l'étouffait déjà. Il savait maintenant que Mayerling n'était plus très loin. Qu'il fallait encore passer par ces cols de verdure sombre figée de neige, emprunter ensuite la grande route tout droite et la lisière des grands arbres qui cernent le pavillon surgirait.

Le froid persistait. Une pâle lueur rosâtre laissait percer le soleil. Mais comme une gangue, la neige enserrait tout. Ligotait le paysage. Il ne ressentait rien de bon. Et cette Mary qui ressemblait à une petite bête égarée malgré son visage si déterminé...

C'était cela en fait qui avait séduit Rodolphe. Blasé, il l'était depuis longtemps. Il avait connu tant de femmes, serviles, quelquefois attachantes, mais jamais de cette sorte de femme qui irait avec lui jusqu'au bout de sa douleur. Quand il se retrouvait seul, le soir, ou même dans les bras d'une courtisane, il essayait de comprendre son malheur, la nature de sa souffrance. Rien autour de lui qui eût pu le rattacher à la vie, pas même sa mère, Sissi qui partait pour fuir son propre destin, éternelle errante, qui vivait si vite que personne ne pouvait la suivre, tant elle avait affaire avec le temps qui passe, avec ce qui fuyait et ne la laissait pas une seconde en paix. Elle voulait vivre, alors elle courait toujours, allait de ville en ville, faisait tout avec excès, mangeait, buvait, montait à cheval, marchait, nageait avec une âpreté et une énergie que personne ne comprenait vraiment.

C'était d'amour que Rodolphe souffrait surtout. De cet amour qu'il n'arrivait à rencontrer chez personne. Chez aucune de celles qu'il avait aimées. Car aimer pour lui, c'était, loin de ces charges d'héritier, trouver l'autre au bout de son corps, faire fusion avec son corps et son esprit, et ne plus rien savoir, ne plus rien apprendre. De sorte qu'au bout de tant d'échecs, il ne croyait plus qu'en la débauche, en cette fuite, cette frénésie de vivre dont il sortait chaque jour plus désespéré, plus abîmé. Son visage se dévastait. Il devenait plus maigre, ses oreilles se décollaient davantage lui donnant quelquefois l'apparence d'un monstre. Souvent il avait peur. C'était à ce moment-là qu'il avait connu Mary. Mais savait-il vraiment que ce n'était pas Mary qu'il aimait, mais l'instrument qu'elle pouvait détenir pour l'aider à mourir ? Il devenait lâche, veule, l'alcool et la drogue le dominaient complètement. Il avait même osé frapper au visage sa femme, l'archiduchesse Stéphanie, il y a quelques mois déjà. Un soir même, il était entré dans ses appartements avec ses compagnons de beuverie, racontant des histoires obscènes devant Stéphanie terrifiée. Depuis un mois, la vie le tourmentait tant que c'était de mourir qu'il s'agissait. Il voulait aller au bout de lui-même, manigançait des stratagèmes politiques désastreux pour l'empire, luttait contre son père qui représentait à ses yeux tout ce qu'il détestait : l'ordre, la rigueur, le travail, la fidélité. Il ne pouvait plus se passer de sa drogue quotidienne. Et Mary devenait la fée qui surgissait tout à coup dans sa vie, mais trop tard, il le savait bien.

Son désarroi s'était aggravé cette année particulièrement. Instable, il l'avait toujours été mais il se prenait maintenant à être cynique, calculateur. Depuis l'enfance, il était partagé entre des états extrêmes, contradictoires. Tendre et imaginatif, il avait autrefois enchanté ses gouvernantes : il tressait les cordes de ses balançoires de guirlandes de lierre, mettait autour du cou des chèvres qui menaient son petit landau des colliers de feuillages piqués de roses et de clématites, puis soudain, devenait coléreux, buté et violent, piétinait ses jouets. Sa mère pensait toujours alors aux Wittelsbach, à cette famille qui comptait parmi elle tant de fous et d'excentriques. Et elle pleurait doucement.

Il aimait appeler Mary sa « petite fée », sa « fée de l'Orient », et Mary souriait en lui disant que dans les contes orientaux, il n'y avait pas de fées comme ici, en

Europe, dont Perrault ou Grimm nourrissaient leurs histoires. C'était cependant la fée, celle qu'il aimait à rencontrer et qui l'aidait à conjurer ses poussées de violence, ses crises de désespoir. Un soir, il lui avait confié ses élans criminels, cette rage qu'il avait la nuit, quand tout était calme dans les bois, à traquer les biches ou les sangliers. Sa marche, lente et sinueuse, enjambant les fourrés, écrasant doucement les touffes de fougères, évitant les clairières où la lune vidait son lait si pleinement, et son arme qui luisait dans ses mains, quelquefois le pistolet, le plus souvent son couteau dont le métal brûlant giclait soudain dans la pénombre devant les yeux muets de terreur des bêtes éveillées en sursaut. Il fallait d'abord marcher le long des champs labourés, sentir la bonne terre travaillée, tendre comme de l'humus, avec ses odeurs de moisi et de tiges mouillées et puis se faufiler dans la hêtraie, débusquer les faons et les biches, doucement endormis dans l'anse d'une vallée. Quand il trouvait les bêtes, il faisait jaillir son couteau, cliqueter la virole et soudain surgissait, entière, droite, la lame qui tout à l'heure découperait la chair tendre, suivrait les tendons, passerait entre les nerfs. Dans ce corps à corps injuste, Rodolphe n'aimait pas surprendre le regard des biches plein de larmes, quand, empêtrées dans leurs fourrés épineux, blessées à mort déjà, elles voyaient avancer lentement le prince vers elles, la lame du couteau vibrant entre ses mains. Il parlait souvent de ce plaisir qu'il avait avec Mary, de cette envie de tuer la bête toute chaude, tiède des rayons de la lune, et dans l'air, le tremblement des feuilles froissées entre elles par un vent léger qui rendait douce la nuit.

Entre ces histoire de chasse et celles des fées, il voyait comme un lien, une même légende qu'il vivait. Car dans les contes de son enfance, il se rappelait qu'étaient mêlées les bêtes et les fées, que sous la peau des bêtes c'étaient des femmes qui se cachaient, que c'était clair à voir les yeux des biches, si tendrement effilés, si humains. Était-ce donc Mary qu'il tuait tard, le soir, quand, seul avec Bratfisch et ses chiens, il massacrait les biches innocentes dont le corps chaud respirait au même rythme que la nuit, leurs têtes palpitant au vent, effleurées par les frissons des graminées qui répondaient au vent par à-coups intermittents, tandis que la nuit se repliait sur elle-même, que loin, très loin, après les dernières crêtes des champs, les étoiles clignotaient, paisibles, et que la terre humide du soir se rendait à la paix de la nuit en exhalant ses parfums rudes et robustes de paille mouillée, de racines, et de souches humides ?

Le long de la route, Mary voit des chasseurs marcher en caressant la crosse sombre de leurs fusils. Ils vont aussi vers les bois de Mayerling. Elle frissonne. Elle pense aux biches de Rodolphe. A tout ce malheur que les hommes font en tuant chaque bête pleine de cette vie qui les fait respirer, bondir et pleurer aussi. Confusément, elle ne sait pas encore pourquoi, elle sent en elle monter des flots de larmes. Elle ne sait pas aussi que c'est la police qui s'embusque ainsi près du domaine. Plus elle avance vers Mayerling, plus elle a de la crainte. Il n'y a plus que les bois, cette immense mer de bois, cette coulée de neige, cette glace qui fige tout, ces bêtes traquées, tapies dans les taillis épais. Et puis ces hommes avec ces armes, et Mayerling, lové dans la forêt, qui l'attend. Elle est comme prise de panique. Elle voudrait revenir à Vienne, goûter les petits matins de Vienne, ceux-là où, avec Marie Larisch, elle courait les boutiques, achetait de la lingerie et ces pique-niques au Prater, cette musique même qu'elle avait fini par détester à force d'en entendre les suaves complaintes, ces Strauss, cette dynastie des Strauss qui faisait de la musique trop facilement, comme elle aurait voulu danser à présent dans les petits bals des quartiers populaires où ses oncles l'emmenaient clandestinement !

Mais ici, la neige mange tout, prend tout le paysage, il n'y a plus qu'elle. Elle absorbe les arbres, fond toutes les nuances de la forêt dans la même couleur spectrale. Elle pense à la mort. Elle ne veut pas. Mais le fouet de Bratfisch cingle l'air. Il heurte les pelisses des chevaux.

Les roues crissent encore plus fort. Et toujours le blanc. La robe glacée de la mort.

Elle savait par la rumeur qui courait dans les couloirs de la Hofburg que cette mélancolie dont le prince était atteint s'était exprimée depuis peu. Elle se disait que cela coïncidait avec leur rencontre. Rodolphe s'était soudain attaché à elle comme à une proie qui le sauverait. C'était l'ultime bouée, la dernière chance. « C'est ce sang, ce maudit sang qui court, là, dans mes veines. Regarde, il est là, il tape dans ces canaux bleus, rouges, dégoûtants et il fait le mal. Je lutte depuis des années, depuis l'enfance. Mais rien n'y fait. C'est lui le plus fort. » Mary ne croyait pas à ces imaginations. Elle feignait plutôt de croire à des contes. Elle lui disait que cela ne pouvait pas exister, qu'il n'y avait plus qu'à croire en eux, à se laisser porter par la force de cet amour, et puis à regarder le jour, sa lumière quand il se lève, la lueur à peine dorée du jour et croire. « C'est une question de foi, rajoutait-elle, croire, croire. » Et Rodolphe aimait entendre ces paroles douces et étrangères. Il pensait alors à sa mère, la pauvre Sissi qui n'en finissait pas de croire en vain, à ses décisions à l'emporte-pièce, à ses conversions subites, à cette rage pour lutter contre le destin qui la poursuivait. Elle aussi avait pourtant la foi. Combien de petits matins avait-elle surpris, de douces aurores, de lueur dorée qui montait de l'horizon, puis nimbait lentement mais pleinement le ciel entier, donnait à respirer à chaque plante, à chaque fleur qui s'ouvrait après sa nuit, et cependant le sang, le sang maudit qui courait toujours, implacable ? Une fois, elle était allée visiter un asile de fous. Horrifiée devant tant de malheur, devant ces femmes vociférant, hurlant, prostrées, elle avait faussé compagnie à sa suite, repris son fiacre et demandé au cocher de l'emmener dans la forêt, comme si le vert des arbres, seul, pouvait ce jour-là la sauver, lui tendre des bras doux. Elle pensait à Louis, à tous ceux qui l'avaient entouré au moment de sa mort et ce cri de douleur qu'il avait poussé, « qui, mais qui viendra à mon secours ? » et puis à cette bagarre terrible dans les eaux glauques du lac entre lui et Gudden, cette dernière empoignade d'hommes, cette eau qui s'insinuait ensuite de partout, glougloutait dans les sinus, rampait dans les canaux, gagnait le corps entier. « Alors, la foi, Mary, comment y croire ? » Quand il l'avait rencontrée pour la première fois, il savait déjà qu'il avait abdiqué. Il s'était rendu à sa nature, à l'âpreté de son destin, à l'infortune de sa race. Et quelque chose en lui se plaisait à dire qu'il était un de ces héros antiques, maudits, un de ces personnages que le grand Wagner de son cousin Louis aurait aimé mettre en scène dans ses opéras. Mary, elle, était la vie. Toute la vie. C'est-à-dire cette force inébranlable dans la lumière qui se lève, dans l'herbe qui pousse, dans ce qui vit et bouge, dans les caresses qu'elle lui prodiguait. Mais, c'était avec lui qu'elle avait compris l'étroite alliance de la vie et de la mort dans l'amour. Avant, elle croyait aux caresses, aux gestes simples de l'amour qui consistait à donner et à rendre, ce mélange si particulier des corps qui soudain lâchaient prise, se rendaient à la tendresse, oubliaient les défis et les rivalités, mais revenaient à l'enfance, aux douces glissades de l'enfant encore mouillé des humeurs de sa mère, aux innocences de ses baisers. Mais avec Rodolphe, elle avait connu autre chose, une autre saveur, plus aiguë, puis douloureuse. Et souvent, quand ils faisaient l'amour dans le sombre appartement du prince, à la Hofburg, tandis que Vienne, autour, dehors, se rendait comme chaque jour aux manèges des fêtes, aux plaisirs de la conversation, aux étourdissements des valses, aux joies des premières rencontres, elle apprenait d'autres gestes, d'autres éclats qu'elle avait soupçonnés dans les livres mais dont justement elle ne croyait qu'ils n'existaient que là. Rodolphe souffrait et cette souffrance passait dans ses caresses, se diffusait à son propre corps qui se dilatait de douleur, comme le sien, et quand, perclus de piqûres et de drogue, il pénétrait en elle, c'était comme si elle-même était percluse de douleurs et d'angoisse. L'amour avec Rodolphe lui faisait mal, car il le faisait avec cette rage du désespoir, et chaque jour, elle avait l'impression d'être rendue aux abords d'un autre monde, inconnu, vaste, vide et blanc. Quand elle le lui disait, avec cynisme, il répondait, « c'est la mort, c'est là qu'elle habite. On approche. Un jour, nous y serons vraiment. » Pour jouer, pour dissiper peut-être sa peur, elle disait en riant qu'elle avait hâte de connaître son royaume, de suivre ses frontières. Mary semblait quelquefois servir de cobaye, d'outil à cette détresse. Chaque fois qu'il l'aimait, il poussait davantage les limites de ce pays inconnu. L'amour était toujours plus dangereux. Il s'agissait d'oublier, d'avancer plus loin encore dans les replis de ses chairs à elle, de découvrir des zones inexplorées et dans ce surpassement de soi-même, quand il libérait son sperme, elle avait cru entendre « c'est mon sang, mon sang, que je crache, ce maudit sang; qu'il coule, qu'il s'échappe! » Et en recevant le liquide tiède qui mouillait les parois de son ventre, à l'intérieur, et coulait doucement le long de ses jambes, Mary avait des larmes qui montaient à ses yeux, à la fois de douceur et de peur. Car c'était sa peur aussi qu'elle recevait, ce destin atroce qui, de père en fils, se glissait dans leur sang et leur sperme, cette vacillation de l'esprit qui, soudain, les faisait basculer de l'autre côté de la vie, dans la mort ou la folie. Dans son entourage, on parlait de mélancolie. Elle savait ce que c'était, cette mélancolie, à l'avoir lue, décrite, dans les poèmes de Heine ou chez les poètes français que Marie Larisch lui avait prêtés clandestinement. C'était une maladie étrange, incurable, quelque chose d'indéfinissable, qui prenait au cou sa victime et la harcelait. Rien n'y faisait, ni les voyages, ni l'amour, ni l'aventure ni les drogues, mais toujours attelée à elle, la proie endurait mille morts. C'était cet absolu qu'elle voyait dressé devant elle et qu'elle ne pourrait jamais atteindre, ce supplice de Tantale qui donnait à voir l'infini, mais comme un mirage et cet ennui qui s'attachait à chacun de ses pas, ce goût de rien, cette brûlure de la gorge qui l'étreignait, rendait impraticable la vie de tous les jours, ne permettait pas même de jouir de la nature, de la lumière du jour, de la douceur des nuits, des fleurs qui s'acharnaient à pousser malgré les pluies, les canicules ou les gelées, cette confiance immense dans la vie, et qu'aucune fée au monde ne pourrait guérir. Mais elle acceptait tout. N'était-ce pas ce que Rodolphe lui-même avait dit à sa confidente, Marie Larisch : « Elle est si jeune, si naïve, c'est elle, elle seule qu'il me faut en ce moment. Elle m'aidera à mieux mourir. » ? Tout se précipitait, comme dans les tragédies de Sophocle. On fait semblant d'agir, pour se croire encore des hommes libres et puis après, on s'abandonne aux forces du destin. Et Rodolphe sentait qu'il partait, que tout le pouvoir politique lui échappait mais aussi ses forces physiques mêmes. Sa mère le fuyait. Il faisait peur. Quand elle le croisait dans les couloirs immenses et dorés de la Hofburg ou de Schönbrunn, elle faisait mine de ne pas le voir. Tantôt elle mettait son éventail devant ses yeux, tantôt se dérobait derrière un paravent. Chacun au château vivait sa mort. Sa solitude. Chacun poursuivait sa propre cure qu'il croyait bonne pour lui. Sissi partait pour les îles, changeait de régime tous les six mois, se pliait aux excentricités de ses gourous, l'empereur s'abrutissait de travail, ne vivait que pour lui, et Rodolphe lui, se déchirait chaque jour davantage.

Il tomba malade. Mary qui venait à peine de le rencontrer ne le vit pas pendant quelque temps. Elle essayait par Marie Larisch de savoir. De quoi donc était-il vraiment malade? On parlait de tuberculose, de dépression, de maladie vénérienne. Rien de tout cela ne surprenait. C'était la mort qui s'occupait de lui, le talonnait, l'habitait. Elle se mettait à trembler quelquefois. Quand il la possédait, elle voyait, la tête penchée par-dessus les bras de Rodolphe, le crâne luisant qui servait de presse-papier sur son bureau et toujours ce maudit animal qui se mettait à ricaner en plein milieu. Et c'était souvent comme si la mort entrait en elle, cette douleur qui la tenaillait, finement, c'était la mort, elle en était sûre.

Son instabilité même la menaçait. Tantôt il se prenait à haïr sa propre famille, et surtout l'archiduchesse Stéphanie qu'il méprisait avec ses airs de grande gourde, rougeaude et dégingandée. Sa sottise le surprenait toujours et ses envies de mondanités, ses parades aux bals et aux inaugurations qu'elle sollicitait auprès de l'empereur et qui lui donnaient de l'importance. Tantôt il se reprenait, oubliait sa déception de ne jamais plus avoir d'enfant, choyait sa fille, bêtifiait dans le parc avec elle, et même écrivait des lettres très tendres à sa femme. Mary passait ainsi de dépressions en espoirs. En vérité, elle ne croyait plus en rien quand elle voulait être lucide avec elle-même. Mais portée par ses lectures et sa passion ingouvernable, elle bâtissait des plans, échafaudait des fugues avec Rodolphe, mieux encore, des départs définitifs, des abdications. Rodolphe, souvent, entrait dans son jeu. Tous les deux alors imaginaient des fuites nocturnes, des chevauchées splendides dans la neige, des retraites secrètes dans un des châteaux de Louis. Tout devenait romanesque et l'imagination s'embrasait, inventait des situations nouvelles. Mais il suffisait d'une quinte, d'un cerne ou d'un halo soudain plus bleuâtre autour des yeux, une angoisse sourde qui tout à coup montait du ventre, envahissait le corps entier, hallucinait même le visage, pour que tout retombe et reviennent les douleurs, la situation inextricable et ce destin maudit auquel il savait être lié. Mary n'était alors là que pour panser les plaies, caresser le pauvre visage lamentable, éponger la sueur qui dégoulinait du front. C'était un mélange de veulerie et de détresse, une curieuse alliance de tendresse et de noirceur. Elle le savait cynique, double, égoïste. Mais elle connaissait aussi ses malheurs, cette attention que, soudain, il pouvait lui porter et qui lui donnait alors l'impression d'être aimée comme jamais elle ne le serait. Et puis cette passion aveugle l'envahissait tout entière, ce frémissement du corps et de tout son être moral la parcourait et l'empêchait de voir plus clair et d'être ainsi manipulée, gouvernée.

Maintenant, dans la voiture, elle se demande si Rodolphe n'en a pas profité. Mais elle suit elle aussi son destin. Elle va. Elle est tout entière qui va. La vie, la mort, qu'importe, elle va. Car Rodolphe est là, oui, qui la rejoindra.

Elle va donc à Mayerling. Se souvient-elle de ce que Marie Larisch lui a dit récemment ? Ou feint-elle de l'ignorer ? Dans la voiture qui brinquebale, elle ressent les heurts et les ornières de la route. Elle revoit très vite ces quelques semaines qu'elle a vécues avec Rodolphe. Tout s'abrège et se diffuse, se bouscule à une rapidité qui l'effraie. Rodolphe ne cesse de parler de la mort. Il se prend aux pièges des poètes. Il les haïssait à cause de sa mère qui s'en nourrissait, mais Mary lui avait donné de l'envie et de la curiosité. Il voulait les lire, et particulièrement ceux qui ne parlaient que de la mort, des suicides, des angoisses de la décomposition. Et puis, il contactait des médecins, les faisait parler de l'agonie, des douleurs qu'on éprouve avant de mourir, tout le passionnait. Il voulait assister à des autopsies, ne rien ignorer des sursauts du corps, de cette chose encore abstraite qu'était la mort et qui cependant envahissait les veines, l'inextricable réseau des artères, remontait jusqu'au cœur, le forçait à ne plus respirer, à ne plus battre, à ne plus s'émouvoir devant la nature, devant le corps des femmes et cette gangrène qui gagnait les organes, distillait son venin, brunissait les membres, atteignait inexorablement cet être entier qui, jadis, était si souple, jouait dans l'enfance, avait cette mollesse, cette grâce si enviables. Ses interrogations devenaient inquiétantes, à la cour, elles indisposaient; ceux qu'il interrogeait préféraient encore se griser aux valses des Strauss, rire et danser, aimer, jouir de la vie, retarder le plus longtemps possible cette horreur des derniers instants, mais lui y revenait toujours. Aussi, on venait à le fuir, car sa façon d'interroger renvoyait aux grands spectres de la mort, aux douleurs des agonies et les salons de la Hofburg même devenaient alors intolérables car tant de richesses, tant de lourdeur, tant de solennité dans la décoration ramenaient à sa propre fragilité, à sa propre détresse. Et la Hofburg devenait le symbole de la mort, de la vanité de cette vie. Elle savait, Mary, que ses maîtresses les plus fidèles, celles qu'il allait voir quand rien n'allait plus, que tout chavirait, se portaient désormais absentes, prétextaient des indispositions passagères, le renvoyaient à plus tard. Alors, c'était à Mary qu'il retournait car elle seule savait l'écouter. Et malgré son extrême jeunesse, elle savait aussi parler de la mort. Elle avait tant lu et puis elle avait, disait-elle, quelques intuitions là-dessus. Rodolphe l'écoutait car elle était la seule qui acceptât cette liberté de discussion, cette complaisance. Elle disait toujours qu'elle était vraiment « très curieuse de voir l'autre monde. Était-ce donc comme les prêtres le disaient ? Était-ce donc une farce ? Une énorme fable ? »

Intérieurement, elle sait qu'elle y va. Que le rendez-vous d'amour a des allures de mort. Elle remonte son col de fourrure, remet ses mains dans le manchon de phoque. Elle a froid au cœur.

Mayerling, cependant, n'échappe pas à son destin de gangue, tout se resserre et dans la trappe solitaire, le froid se cale bien, prend ses aises. Les domestiques s'affairent autour des poêles pour donner de l'illusion. Une certaine chaleur enraye un temps le froid silencieux qui se glisse par les fenêtres, par les interstices des murs, par les pores de la maison. Kathie s'arrange pour que les fleurs donnent aux pièces un air plus gai. C'est difficile. A travers les vitres, on aperçoit la neige tomber. Elle enfouit le paysage, couvre le pavillon entier; Kathie dit que cela l'étouffe. Des chiens aboient à l'agitation qui règne, ils savent qu'il y aura peut-être de la chasse pour eux, quelques bêtes à traquer, à saisir dans leur gueule, du sang chaud qui s'écoulera de leur proie encore molle, presque vivante. Entre Mayerling et la berline qui court, il y a comme une tension extrême, une sorte d'appel réciproque, une attirance invincible. Mary sait qu'elle est arrivée au point ultime de leur passion. Jusqu'où pourrait encore aller ce désir d'ailleurs, dans quel chemin pourrait-il s'aventurer, chemin humain, mais terrible, désolé, solitaire? Leur amour, dit-elle, est une lame de couteau, le fil d'un rasoir, avancer encore un peu, c'est rompre le fil, passer au-delà du visible, défier le temps, la vie. Et Mayerling, avec cette neige qui glace aussitôt, ressemble à cette même glace, au tranchant d'une même lame, tous les deux s'appellent : c'est trop fort pour durer, plus de ruse pour échapper à ce destin, il faut qu'il se casse et se rompe.

Elle pense à Vienne, on s'affole déjà. Sa mère sera surprise de ne l'avoir vue ce matin. Larisch elle-même n'est-elle pas troublée et en hâte ne s'est-elle rendue à la police pour annoncer sa fugue? Elle se doute de tout cela. Mais qu'importe? Il ne s'agit plus d'invoquer sa jeunesse, sa beauté que rien encore n'a fané, mais le destin implacable qui galope, galope, les tenaille et les poursuit inlassablement; il y aura du blanc, que du blanc, pas même l'effroi de la mort, mais sa fascination, quelque chose en eux qui ose, il ne s'agit que d'une minute, une seule où il faut s'abandonner, ne plus penser, faire le vide en soi et tout qui chavire, passer une seconde de la lumière du jour à celle, inconnue, de la nuit, déraper vers un autre lieu, glisser et ne pas poser de questions. Voilà ce qu'elle se dit, ce qu'elle s'acharne à répéter. Elle ne voudrait pas manquer de courage.

Elle tire les rideaux. La lumière blafarde de la neige envahit la voiture. C'est comme dans les apparitions. Cette grande lumière blanche qui, soudain, envahit l'espace, blêmit la peau du visage et des mains. Elle devine à ces quelques maisons que la voiture est enfin entrée dans le domaine de Mayerling. La voiture ralentit. Bratfisch pousse des cris pour calmer le train des chevaux. On ne va plus qu'au pas. Elle aperçoit une énorme grille de fer forgé. Des hommes la poussent, laissent passer la berline. Elle passe lentement. Tandis qu'elle avance dans l'allée centrale, elle entend qu'on referme la grille derrière elle. Elle grince comme un gémissement. Cette fois-ci, elle est entrée dans Mayerling. Rien ne peut s'y opposer. Elle sait qu'elle ne peut plus reculer. Il est trop tard. Maintenant, elle est seule. Elle attendra Rodolphe. Il viendra bientôt. Elle sera là dans l'entrée à l'accueillir. Il n'y aura même plus à se cacher. Les domestiques verront tout. Mary Vetsera accueillera l'archiduc Rodolphe. Elle est à ce point de son destin que rien ne l'arrêtera. Ce sera comme une femme qui attend l'homme qu'elle aime. Il l'embrassera; la prendra dans ses bras et quand, plus tard, il lui fera l'amour, elle connaîtra cet état flottant de l'amour qui y fait croire, elle cherchera même comme tous les amants cet instant fragile qui ne tient à rien, cette énergie venue d'elle ne sait où qui les fait basculer à chaque fois de l'autre côté du miroir, et les livre, pantelants, à ce qui pourrait bien être la mort mais ne l'est pas tout à fait puisque toujours réapparaît le jour, sa lumière, que le corps entier reprend vie et chair, qu'il y a des senteurs qui reviendront, et que ce sera comme une naissance. Oui, elle fera cela. Elle cherchera ce moment-là, cette seconde qu'elle connaît démesurément courte et immense, qui, en vagues successives, l'emmènera très loin de Vienne, mais elle sait qu'elle restera sur ce rivage inconnu, qu'aucune lumière du jour ne la ramènera à la vie, qu'il n'y aura plus de cette quête effrénée.

Entrant dans les appartements de l'archiduc où la conduit la femme de chambre, elle se dit qu'elle passera pour la première fois une nuit, peut-être deux, avec Rodolphe. La nuit entière. Jusqu'à présent, ce n'étaient que rencontres furtives, clandestines et obscures dans des appartements réputés scandaleux par la cour elle-même. Elle rejoignait alors Rodolphe comme toutes les autres courtisanes, filles faciles, prostituées même guidées par l'inestimable Loscheck, armé de son flambeau qui faisait des ombres redoutables le long des corridors et des tentures rouge sombre. A présent, elle allait connaître autre chose, l'immensité de la nuit, et les bras de Rodolphe, cette île qu'ils vont créer à deux, circonscrite par les murs de la chambre et que rien ne pourra détruire. Elle pousse les lourds rideaux, regarde par la haute fenêtre. La ligne noire des sapins frangés de neige rend le paysage étrange, presque fantastique. Il n'y a personne. Elle est étrangement seule. Rien dans la cour qui puisse lui rappeler la vie, rien qui bouge, sursaute ou frémisse. Mais seulement l'immensité lourde de la neige pesant sur chaque chose. Les toits des bâtiments annexes semblent eux-mêmes courbés par la neige. Comme affaissés. Elle entend au loin, dans les écuries, le hennissement des chevaux presque joyeux à qui l'on doit donner de la paille fraîche, une litière où se reposer. Elle a peur. Elle ne connaît pas les petits matins avec Rodolphe. Elle ne sait pas comment il dort après l'amour. Elle essaie de deviner. De prévoir. Elle n'y parvient pas. Elle est un peu gauche. Elle ne sait pas quand il arrivera. Elle pense qu'il partira ce soir après les visites qu'il lui a dit avoir. Elle se demande bien ce qu'elle va faire jusqu'à son retour dans ses bras. Elle voudrait bien sortir. Prendre l'air. Mais elle se souvient des chasses qu'il a faites dans les bois alentour. Elle se remet à frissonner.

Sur les tables, les guéridons, près du lit, il y a les roses. Elle trouve qu'il y en a trop, mais Kathie lui a dit que c'est le prince qui l'a demandé. Qu'elles sont là pour elle parce qu'autrement, quand il vient seul, il n'a besoin de rien. Il vit, dit-elle, comme un moine. Parfois même, il ne descend pas à la salle à manger, se contente de quelques fruits qu'elle lui apporte sur un plateau. Elle reconnaît là le goût de Rodolphe. Ces meubles lourds, gothiques, cette accumulation d'étoffes drapées qui donnent à la pièce l'allure d'un tombeau baroque, comme ceux qu'aimait tant Louis de Bavière. Dans cette chambre, elle se sent oppressée, étouffée. En bas, dans le vestibule, une horloge frappe les secondes, implacablement. Chacune d'elles la rapproche de son destin. Les coups parviennent dans la chambre. Entre la décoration de la pièce et la cour figée dans la neige, c'est déjà une vague vision de la mort. Elle voudrait entendre, comme dans l'hôtel de sa mère, des bruits de musique, des allées et venues, des rires fuser, des galopades dans les escaliers, et cette familiarité un peu brouillonne et sans air qu'on reprochait tant aux Vetsera. Mais ici il n'y a que l'immobilité de la mort.

Elle ne sait pas qu'à Vienne tout s'agite déjà. Sa mère, avertie de sa disparition, est allée voir en hâte l'inspecteur de police, le baron Krauss, pour lui demander de retrouver Mary. Rodolphe, encore à la Hofburg, n'est donc pas parti avec elle. Ils ne sont pas ensemble. Où est donc Mary? Pourquoi s'est-elle cachée? Rodolphe, lui, se morfond. Il sait qu'à cette heure, Mary est déjà sur les routes de Mayerling. Qu'elle traverse la plaine sinueuse de Schönbrunn et rejoint enfin la forêt, le petit village de Mayerling tout pelotonné autour de son église au clocher si pointu. Il ne peut plus attendre davantage. Le prince archevêque de Prague doit arriver dans une heure. Il est plus de dix heures. Il décide d'annuler l'audience. Il fait préparer sa voiture. Il arrivera plus tôt à Mayerling. Il faut aller vite rejoindre son destin. Rejoindre Mary et la mort.

Il est onze heures cinquante quand il quitte la Hofburg. Une neige fine tombe sur Vienne, couvre d'une mince pellicule les bâtiments, les monuments, rend les arbres du Prater féeriques. Les kiosques à musique sont déserts. On se hâte prudemment dans les rues. Les trottoirs sont dangereux à cause du verglas. Le baron Krauss est aussitôt averti. Il sait que la voiture a pris la route du pavillon de Mayerling. Il est content de ses intuitions. Il a bien fait de disposer déjà la police autour de Mayerling. Il sait où est Mary maintenant.

Tandis que Rodolphe roule à bride abattue sur la route verglacée, Krauss télégraphie à Mayerling. Le dispositif des agents de la police est mis en place. Les faux paysans, les faux chasseurs se rapprochent du mieux qu'ils peuvent des clôtures de Mayerling. Les bêtes ont peur dans leurs tanières. Elles ne savent pas encore que ce n'est pas contre elles que ces hommes sont là. Pour une fois, les proies sont ailleurs. Elles n'aiment pas cependant ce mouvement. La forêt n'est pas tranquille. Même cette nuit, quand tout semblera reposer, elles ne sortiront pas de leurs trous, de leurs grottes d'herbes pour aller casser la pellicule de glace qui s'est formée dans les mares et boire, ou se hasarder à la lisière des bois, glaner quelques herbes à brouter, une autre bête à dévorer. C'est une nuit froide qui s'annonce. Quelque chose qui ressemble à la blancheur métallique des lames de couteau.

Rodolphe est très agité dans sa voiture. Il se sent traqué. Harcelé. Il pense au vieux cerf qu'il a jadis abattu. Le dix-cors, à présent, c'est lui. Il ne sait qui le traque. Seulement, il sent. Il n'y a plus rien à faire sur cette terre. Il regarde une dernière fois les routes sinueuses de Schönbrunn, la grandeur trop blanche des bois, l'immensité de la forêt viennoise, il se dit que c'est la dernière fois qu'il les voit. Dans la voiture, il prend de la morphine. Plus rien n'a d'importance pour lui maintenant. Et surtout pas l'archevêque de Prague qui partira, offensé de ce rendez-vous manqué. Rien, pas même sa mère qui n'a rien compris à lui, aux tourments terribles qui l'accablent. A ces sueurs ignobles qui jaillissent soudain de son corps. Il aurait bien voulu qu'elle vienne le voir, un soir, mais pas même enfant, elle n'avait pu le rencontrer, le bercer, le border dans son lit de dentelles, occupée qu'elle était à dominer sa propre mort, à contrôler son propre destin. Dans la poche intérieure de sa veste, bien calé, il y a le pistolet. Il le sent. Il sait qu'il y a encore cela. Qu'il aura de la force, assez de force pour appuyer. Une fois, et puis une autre fois. Et tout sera fini. Bouclé.

Sur la route de Mayerling, il voit les mêmes arbres que Mary a vus poudrés de neige. La lumière, cependant, n'est plus exactement la même, peut-être un peu plus froide; dans le petit matin, Mary l'avait sentie subrepticement se lever, prendre cette teinte presque rosée, douce, s'élevant du sol, s'étirant dans les arbres puis s'installant sur toutes choses. A présent, elle est d'un blanc plutôt cru, elle fait plisser les yeux, elle agresse même. Il sait qu'en arrivant, il trouvera Mary. C'est la première fois qu'elle l'attend ainsi. Ils n'ont parlé de rien. Et cependant, ils savent. Il faut que ce soit beau. Très beau, se dit Rodolphe. Il faut des roses et des roses, entendre le bourdonnement ronflant du poêle, partir dans le blanc de la neige comme dans ces contes merveilleux, partir, oui, visiter d'autres espaces, d'autres terres. Faut-il se persuader même d'aimer Mary? « Est-ce parce que tout s'oppose à notre histoire que j'en veux faire une légende? se dit-il. Est-ce pour cela qu'elle meurt au juste? Et si tout venait de moi, de cette folie qui me prend parfois, qui m'oblige à m'inonder de cette eau de Chypre, si forte, si odorante, que Mère me rapporte de ses voyages et qui semble me nettoyer, comme me laver, me purifier peut-être? Pourquoi tant d'échecs? Tant de résistances à vivre quand tout serait si simple? Tant de difficultés à comprendre, à aimer, à savoir regarder ? Et cette course qui n'en finit pas, cette longue suite de femmes qui passent comme dans un rêve dans mes bras, dont je n'ai rien à faire, qui m'ennuient même ? Seule Mary, oui, me donne cette impression si légère d'être présente quand il le faut. Dans les grands moments. Et sans discuter, elle m'essuie le front quand il sue à grosses gouttes, quand rien ne va plus, quand ces maudites crampes reprennent, et que ces quintes m'arrachent la poitrine. Alors, elle passe sa main, elle l'effleure, elle me caresse tout doucement. Il faut en finir avec cette existence ratée, cette vie mal engagée et tous ces hommes autour de moi qui vivent, qui feignent de comprendre, qui marchent et qui travaillent sans questions comme Père, qui ne savent rien... »

Il sent qu'il y a de la folie qui passe dans sa tête. Il voudrait essuyer d'un revers de sa main ce qui s'agite derrière son front, qu'il sent vraiment bouger là et lui fait mal. Cette multitude d'images qui le traversent ; il sent monter en lui des crises, des violences inouïes, des fractures irrémédiables.

Était-ce ainsi pour Louis, son cousin bien-aimé ? Connaissait-il lui aussi ces affres terribles qui s'emparent de lui, l'empêchent d'ouvrir les yeux et l'abandonnent exprès à la nuit, avec ses cortèges de bêtes rampantes qu'il voit défiler, ces sortes de fourmis qui cavalent, avec leurs pinces chargées de nourriture ? Il avait entendu des choses terribles sur Louis, des choses qu'il savait par ouï-dire, qu'il avait apprises de manière détournée, tant l'opprobre était grand sur lui.

Des crises démentes qui l'accablaient soudain, lui faisaient brûler ce qu'il avait adoré la veille même, ces excentricités auxquelles ils se livraient avec ses amis, ses nuits à cheval dans la forêt à débiter des poèmes épiques, des violences qui le prenaient, quand, dans les bras de ses jeunes amants, dans la petite hutte de bois de la forêt, à même les peaux de bêtes, sur la terre battue, il leur faisait peur, tant le sang des Wittelsbach et des Hohenzollern bouillonnait subitement dans sa tête, rameutait des meurtres, des désirs impossibles à assouvir, des rugissements de bêtes, des cris terribles dans la nuit et dont seuls les étoiles et les arbres étaient les témoins, les grands appels à l'Idéal et le mot s'amplifiait dans la forêt, faisait écho, résonnait dans les sentiers.

Il imagine encore une fois le corps à corps de Louis et de Gudden, dans l'eau glaciale du lac, cette empoignade furieuse, désespérée, dans la nuit noire, ce combat de fous que Wagner aurait pu imaginer, et cette entrée dans la légende que se préparait Louis. Toute cette rage contenue, des années entières, cette incompréhension, ces alternances de désir et d'indifférence, ce jeu permanent entre le roi et l'homme qu'il ne pouvait plus être, ce maudit absolu qui l'avait rendu différent des autres, et empêché de vivre.

Oui, il se souvient de tout cela. Et il sait que lui aussi a quelque chose qui y ressemble. Qui tape et heurte ses tempes, ce sang qui bat trop fort, gonfle les artères, cette gorge qui, tout à coup, se resserre et brûle.

Il avait cru tout essayer : mais rien n'avait satisfait sa soif. Ni le mariage, ni la naissance de sa fille, ni le pouvoir qui lui était promis, ni l'amour, ni la drogue. Tout n'avait été que fuite en avant, et chaque essai le perdait davantage, l'entraînait vers cet ailleurs qui l'appelait tant.

Dehors, la neige plaque le paysage, le rend presque métallique. Ce n'est plus Rodolphe qui commande maintenant. Il va. La Dame blanche l'a pris par la main. Elle s'occupe de tout. Du cocher qui va trop vite sur la route gelée. Et de lui surtout. Qu'il se rassure, tout ira bien. Il y aura ce qu'il voulait : Mary et des roses et la chaleur d'une nuit dans ses bras. Après, c'est elle qui l'aidera. Il sait qu'elle fera le nécessaire. Il est presque confiant maintenant.

La voiture arrive enfin à Mayerling. Il en reconnaît les premiers chemins, les routes qu'il emprunte pour la chasse, les bois familiers où gîtent les bêtes, et le clocher enfin qui jaillit du village. La voiture ralentit, quelques paysans regardent passer l'équipage. Ils reconnaissent leur prince, ils le saluent. Mais lui ne voit rien. Tout attaché à suivre la route qui le mène au pavillon. Les mêmes grilles s'ouvrent, puis grincent et se referment.

Tout est en place pour la tragédie.

Lui, cependant, ne dit pas que c'en est une. Il n'y a plus rien d'autre à faire qu'à se rendre à la mort quand tout est fini. Quand tout ce qu'on avait à faire sur la terre est épuisé. Alors, il faut aller vite ailleurs, explorer d'autres mondes, connaître la vraie couleur de la nuit.

Sur le perron l'attendent les domestiques. Mary est restée en fait dans la chambre. Elle ne veut pas en sortir. Elle est impatiente. Elle a soulevé les rideaux, elle voit la scène. Ainsi, Rodolphe est là. Plus tôt que prévu. En hâte, elle retape sa robe, froissée du voyage. Remet de l'ordre dans ses cheveux, tapote ses joues pour leur redonner quelque couleur. Elle est prête à présent. Elle ne sait pas où elle va, comment tout se passera. Elle entend dans le vestibule les pas de Rodolphe, l'entend monter les marches, vite, semble-t-il, il ouvre la porte, se jette dans ses bras. « Rodolphe, oui, Rodolphe... »

Il se sent acculé. Il doit mourir. Alors maintenant seulement, il se joue la comédie de l'amour. Il l'embrasse furieusement, passionnément. Mary, elle, y croit ou feint d'y croire, mais qu'importe. Elle, elle aime pour deux, et quand dans son baiser, elle donne ses lèvres, sa langue, mêle sa salive à celle de Rodolphe, elle dérive, rejoint l'absence du monde, des états de bonheur, abandonnés.

2

Les noces sanglantes

Maintenant commence le huis clos. Ils sont là. Ils savent qu'ils n'en sortiront plus. Rodolphe ferme les tentures rouges et dans la pièce presque noire, il n'y a plus qu'eux, la nuit, et l'odeur des roses étouffées par leur propre senteur. Mary sent bien qu'elles lui donnent des maux de tête. Trop de roses qui écrasent et alourdissent le lieu. Jamais Rodolphe n'a aimé avec tant de violence, tant de désespoir. Il la pousse vers le lit, et tandis qu'ils s'embrassent encore, leurs corps s'allongent. On n'entend plus que le givre qui claque par à-coups secs contre la vitre de la fenêtre et, imperceptible, le bruit mouillé des salives qui s'échangent. Ils ne se disent rien d'autre que ce que se disent tous les amants. Ce sont des mots très bêtes, des tendresses. Mais le silence reprend vite. Il y a comme quelque chose d'acharné, de furieux et de brutal. S'aimer là précisément, c'est déjà chercher plus loin, forcer les limites du jour, pénétrer l'inconnu, la nuit. A la Hofburg, Rodolphe prenait son temps, prenait la peine de la caresser, de la déshabiller lentement. Ici, rien de tel. S'aimer, c'est comme pousser l'épais silence de la nuit et d'ailleurs. Il n'y a plus de parade, plus de jeux amoureux, plus de ces caresses qui font partie des règles, parce que soudain, ils ne sont plus dans les jeux de la société, plus dans les codes des hommes. Alors, les gestes deviennent forcenés, trahissent l'angoisse. Il y a du temps, encore un peu, compté, certes, mais des heures où ils pourront rester là sans parler, mais à se toucher, à sentir la chair de l'autre, à percer l'obscur mystère, à se préparer.

Il est bientôt deux heures. Mary veut prendre l'air, voir, sentir, toucher une dernière fois l'air froid qui passe entre les arbres, circule entre les buissons, s'engouffre dans les sentiers. On attend les amis, Hoyos et Cobourg, demain mardi pour courre le cerf. Pour l'heure, le pavillon est silencieux. Les domestiques sont dans les communs, près de la cheminée. Ils veillent. Ils guettent. Quelquefois, Mall regarde par la fenêtre. Voit le froid, immense, contenir tout. Serrer dans son étau le parc, la forêt au loin, l'horizon entier. Ils sortent. Ramassés dans leurs fourrures. Ils prennent le chemin de la forêt. Ils marchent doucement. Il lui prend le bras, la serre dans ses bras. La nuit tombe ici vers quatre heures. Il faut marcher, regarder l'ardeur des bois à rester verts sous la neige, les touffes des fougères brûlées par le gel laisser échapper de leur cœur des crosses déjà vertes, toutes recroquevillées sur elles-mêmes, des mousses éclatantes tapisser des rochers, les troncs des arbres à l'écorce broutée par les chevreuils et les biches. Quelques ronciers restent vifs, eux aussi verts malgré la neige. Mary secoue des branches, la neige tombe en pluie, poudrant de nouveau les buissons, ramasse de la neige, en fait des boules, suit des yeux un oiseau égaré dans les branches dénudées. Elle absorbe tout, s'inonde de cette forêt, imprime dans sa tête la force de la terre, il n'y a rien que cette puissance, cette présence de la terre et du ciel si bas, si plein de la neige, cette alternance de jour et de nuit, inexorable, tragique à la fois et superbe, cette nuit qui, tout à l'heure, envahira les champs, tombera sur les bois, les habitera. Et cependant des familles entières de bêtes, des hardes iront aux mares gelées, casseront les glaces, boiront l'eau glacée et tout recommencera, le cycle des saisons, le dépouillement puis l'émergence des feuilles et des fleurs. Elle dit cela à Rodolphe, mais en silence, dans la pression des mains, dans cet abandon de la tête sur son épaule, dans cette caresse des doigts sur ses doigts à lui.

Lui non plus ne parle pas. Il se dit qu'il a assez parlé. Assez usé de mots et d'énergie durant sa vie, assez gaspillé de temps si précieux pour débiter encore des paroles avant de mourir. Ce qui le frappe surtout, c'est cette complicité dans le silence. Ils savent qu'ils vont mourir. Ils ne disent rien cependant. Sa vie paraît encore plus vaine quand il voit cette nature rendue aux saisons, lui, maintenant, cherche cette humilité, cette façon qu'ont les arbres et les bêtes d'accepter la puissance du temps, de se couler à ses ordres, de se rendre nu à cette brise glacée, à ce paysage désolé, à la blancheur de cette lumière.

Il pense à la lumière et il pense aussi à Louis. Dans ses lettres, son cousin lui parlait souvent de celle qu'il cherchait désespérément, dans la décoration de ses châteaux, dans ses promenades crépusculaires ou bien au contraire au tout petit jour, lumière d'un autre monde, mystérieuse, étrange, qui donnait à rêver, à l'emporter plus loin. C'est celle-là qu'il cherche maintenant. La lumière réverbérée de la neige sur le sol lui annonce d'autres paysages, d'autres états. En se promenant ainsi dans les bras l'un de l'autre, c'est comme à un sacrifice qu'ils se rendent. La forêt, calme, blafarde, les accueille. Le monde se tait alentour. Les bêtes mêmes guettent et, tapies dans leurs trous, suivent leur marche. Ils entrent dans la forêt. Les couches épaisses de neige alourdissent leurs pas, le frôlement de leurs pelisses contre les branches étouffe presque leurs paroles.

Parlent-ils la même langue ? Il dit : « Autrefois, j'avais fait une promenade semblable dans les bois avec ma mère. C'était dans le parc de Schönbrunn. Elle avait pris ce jour-là, le temps de m'écouter, de me tenir par la main. Il y avait de la neige aussi et pourtant, elle n'était pas la même qu'ici. C'était autre chose. Ici, c'est de la glace dure. Froide. Regarde comme c'est beau quand même. C'est étrange, je vois au plus loin des détails. Jamais je n'aurais vu ces perles dégouliner du tronc, et l'écorce broutée par un jeune chevreuil tout fou. »

Elle écoute cela. Elle se dit que la vie peut recommencer ailleurs. Ne jamais plus revenir à la cour, à Vienne. Partir, oui, partir.

– Parle, parle encore comme cela. Jamais je ne t'ai entendu parler des fleurs et des plantes. Toujours cette hâte de vivre, cette souffrance au cœur.

La nuit tombe doucement. Elle jette du gris sur la neige, la rend sale. Des arbres gouttent encore. Par intermittence, on entend des bruits mats : une couche de neige qui s'affaisse, dérape, glisse contre la pierre, coule en chutant. Une pomme de pin tombe. S'enfonce dans la neige, fore un vrai trou.

Ils reviennent sur leurs pas. Ils sont un peu loin du pavillon. C'est nouveau pour eux, ils devront rentrer, boire quelque chose de chaud, remonter dans leurs appartements, dîner, puis passer la nuit ensemble. Mary est presque empruntée. Elle dit qu'elle voudrait que cela s'arrête, que maintenant personne ne les regarde. Qu'il n'y ait pas d'autres témoins après la forêt et le ciel.

A Vienne, l'activité a repris. Partout, la ville retrouve sa vie, ses bruits familiers, le roulement de ses fiacres, les échos des brasseries quand une porte s'ouvre, la musique de quelque orchestre, les plaisanteries de ses cochers, tout ce qu'ils ne veulent plus. Plus de ces bruits de la ville, plus de ces séparations. C'est ce que se dit Mary à l'intérieur d'elle-même. Elle vit son roman d'amour. Elle vit ligne après ligne les romans où les héros s'aiment jusque dans la mort. Elle connaît cela par cœur. Elle a trop lu pour ne pas savoir comment cela se passe. Maintenant, plus tard, tout à l'heure, il y aura l'amour et après, la mort. Lui, Rodolphe, est moins romanesque. Il est déchiré. Il a un autre roman dans sa tête. Mary y a-t-elle même une part ? Il n'en est pas sûr. Oui, Mary est là. Mais surtout, c'est lui qui veut mourir, lui qui sait que tout est accompli. La souffrance, la honte et enfin, l'inutilité, surtout elle, la vacuité de vivre. Cette incapacité à comprendre les réseaux de la vie, ce centre qu'il ne parvient pas à trouver. Alors, éclater cette cervelle qui n'en finit pas de gémir et comprendre ailleurs. Dans d'autres mondes.

Il se souvient de cette nuit terrible où il avait tué le cerf à dix cors, de ces autres chasses à courre où il avait vu les veneurs passer la lame fine de leurs couteaux sous la peau des bêtes, faire surgir cette chair et ce muscle rougis à peine dégoulinants de sang, lisses et luisants qui se reflétaient à la lueur des flambeaux et des lames. Et cette cervelle malencontreusement éclatée, comme peut-être la sienne bientôt, quel épais mystère cachait-elle ? Où était-il ce réseau subtil d'intelligence instinctive qui le faisait jaillir des buissons à la moindre alerte des galops et au moindre aboiement des chiens qui, au loin, cherchaient à se rapprocher ? Où était-elle maintenant, cette force archaïque, énorme qu'il mettait à se battre, à lutter se sachant même perdu, ce galop effréné à travers les fourrés, les mares, les courses cinglantes dans le vent pour fuir, fuir l'ennemi qui se rapprochait de plus en plus. Oui, il comprenait soudain cela. Il était comme étreint par la panique, il venait de comprendre quelque chose et c'était peut-être une immense complicité avec la nature, avec ce frémissement qui agitait les bois en toute saison, ce mouvement de vie qui parcourait la peau des herbes et qu'il venait de rejoindre à l'instant précis.

Puis c'était autre chose qui revenait, qu'il n'avait pas vécu, une paix qui l'assaillait, qui lui disait qu'un cap était franchi, lui donnait résolument des forces à puiser. Il ne voulait pas mourir avec Mary, ce n'était pas un roman d'amour. Avaient-ils donc connu cette passion qui ravageait, défiait les hommes et le temps par la mort, méprisait ceux-là mêmes qui vivent, parce qu'ils acceptent trop les compromissions ? Avaient-ils donc vécu cette rage de vivre l'un pour l'autre ? Il savait que pour lui, il n'en avait rien été. Seule, Mary, nourrie de ses lectures, et que son âge incitait aux débordements les plus théâtraux y croyait encore, du moins le pensait-il. Mais Mary au fond d'elle-même jouait elle aussi. N'avait-elle pas été convaincue et édifiée par Marie Larisch des délires de

Rodolphe, de son peu de constance, de ses atermoiements, de ses inconstances mêmes ? Mais c'était plus fort qu'elle, rendre Rodolphe à cet amour, le gagner de toute sa force, calculer par tendresse le moment où il céderait et tant pis si ce moment-là était le dernier de leur existence. Sissi, autrefois, avait ainsi voulu convaincre Louis de leur amour. Mais comment plier Louis à cet amour qu'elle lui portait ? Comment exalter son désir, comment aimer sans passer par l'horreur de l'amour physique pour Louis qui, dans ses bras, n'aurait rêvé que des corps lisses, à peine achevés, parce que si jeunes, de ses valets et de ses palefreniers ? Comment pouvait-elle rivaliser avec cette haine qu'il leur portait et ce désir mille fois renouvelé, tenace, qui le taraudait car sitôt avait-il fait l'amour avec un de ses amants, il le renvoyait dégoûté de lui et du monde, et revenait à Sissi, la princesse, la fée, mais le plaisir des garçons renaissait lentement, insidieusement, puis s'imposait, gagnait son corps et tout recommençait, les feintes, les fuites, les jeux avec Olaf et les autres, les courses, la nuit, jusqu'à la cabane de bois où ils s'affalaient ensuite, nus, dans les peaux des bêtes, et où ils mêlaient leurs corps. Mais là où Sissi n'avait pu se résoudre à la mort, Mary irait-elle ? Tout plutôt que de le quitter. Et il y avait chez elle quelque chose de tenace qui faisait peur, une force qui l'attelait à lui et c'était elle en effet qu'il avait choisie comme son dernier recours, sa bouée, celle qui l'aiderait à mourir.

Ce qui revenait maintenant en Rodolphe, c'était cette douceur qui tombait sur lui, passé le temps des décisions, de la course en voiture, et à présent, il s'abandonnait à l'amour, au jeu de l'amour, il finissait même par y croire, parlait à Mary de tendresses, de ces choses simples et un peu pauvres que se disent ceux qui s'aiment et ils parvenaient à y trouver quelque réalité.

Ils longent maintenant la lisière de la forêt. Il neige un peu. Leurs traces qui laissent découvrir la terre nue, noirâtre comme une blessure, se recouvrent de nouveau de poudre blanche. Il y a quelques craquements comme du bois qui tombe ou quelques bêtes qui détalent, effrayées de leur présence. Pour lui plaire, il dit qu'il n'ira pas demain à la chasse. Que Hoyos et Cobourg iront seuls chasser à courre. Mary se réjouit de cette décision. Elle sait ce que cela veut dire. Ramasser en si peu d'heures qui restent les souvenirs et les messages de la vie, resserrer ce qui a été si important pour eux, le faire passer devant eux comme d'une lanterne magique défilent des histoires, écrire aux autres, les avertir de leur décision, et surtout connaître encore un peu la chaleur de l'autre corps car il est triste de mourir seul, sans avoir une dernière fois connu la tendresse d'une main qui passe dans les cheveux, effleure les yeux, suit la courbe du corps. Et puis Rodolphe a soudain comme une répulsion, une terreur à toucher une arme blanche, à poursuivre ces bêtes qu'il aimait tant autrefois traquer, à jouer si durement avec cette innocence, cette pureté du monde, non, jamais plus il ne voudrait revoir les yeux des chevreuils et des biches rendre leur âme, se poser une dernière fois sur leur tueur comme un terrible reproche, puis glisser lentement sur le côté, et rester mi-clos.

Au-dessus d'eux, des corbeaux harcèlent les sapins, la cime des arbres, ils tournent en bandes, comme s'ils pratiquaient un rite, une cérémonie. Certains se posent en criaillant, d'autres les délogent. Mary dit qu'ils sont infernaux. En entrant dans le pavillon, une formidable bouffée de roses surgit. Elle prend à la gorge, la brûle presque, tant elle est sucrée. Mary trouve que c'est trop mais Rodolphe veut absolument cet amas de fleurs; il pense aux cercueils, aux catafalques solennels où sont déposées des multitudes de gerbes, jusqu'à la profusion, jusqu'à l'écœurement. Et Mayerling, se dit-il, c'est comme un cercueil, à présent.

Mais il y a encore ce soir et demain et ensuite cette autre nuit qui viendra. Mary et Rodolphe jouent aux souvenirs à se construire pour plus tard, s'inventent des rites : ils vont au salon, boivent des thés très chauds, remontent dans leurs appartements, les habitudes s'acquièrent très vite. Il ne suffit que d'y croire. Une douce chaleur ronronne autour d'eux, les poêles font leur office, ils ronflent et rassurent. On entend le pas léger, discret de Kathie et de Mall aller de la cuisine au salon, quelque chose de domestique s'installe, un confort. Dehors, la forêt se prépare elle aussi à sa nuit tranquille. Elle est déjà là. Il n'est pourtant que cinq heures de l'après-midi. Elle connaît ses usages, elle aussi. Le peuple des bêtes rejoint à heures fixes ses trous et ses terriers, les rares feuillages verts se recroquevillent sous le gel qui tombe et l'empire du froid couvre de son manteau les bois entiers.

Ils préfèrent dîner dans leur chambre. C'est Kathie qui leur porte le repas. Dans la chambre, elle est suffoquée par l'odeur des roses. C'est comme une chapelle ardente. Une sorte de lieu étrange, un enchevêtrement de fleurs qui accentue la lourdeur des meubles, la pesanteur des étoffes. Mais l'ensemble est pareil à quelque chose de baroque et de mortel. Mary a mis la robe d'intérieur verte que le prince lui a fait préparer. Elle a aussi aux pieds les mules serties de fourrure de cygne qu'elle a trouvées près du lit. Elle est là. Elle est sa femme. Il écrit quelques lettres. Elle arrange les assiettes sur la table. Rien ne vient troubler sa paix. Dehors, la neige enserre tout, rutile comme un écrin. Bientôt la nuit commencera. Ils n'entendront plus même en bas les allées et venues des domestiques.

Mary et Rodolphe se taisent. Il n'y a rien à dire. Qu'à goûter ce silence et cette paix. Ces instants uniques où elle lui sert le consommé dans un bol d'argent, où il verse un peu de vin dans son verre. C'est la première fois comme cela. Lui n'a plus cette fébrilité qui l'agitait sans cesse cet après-midi encore. Il y a cette autre route maintenant, cette route inconnue, il a charge d'emmener Mary avec lui. Il ne connaît pas bien le chemin, il sait qu'il fait noir. Mais il a confiance.

Après le repas, ils s'allongent tous les deux sur le lit un peu étroit. C'est que Rodolphe vit toujours dans ses refuges éloigné de tout confort. A la Hofburg, il doit se plier à l'étiquette, mais ici, à Mayerling, il vit un peu comme un soldat. C'est ce qu'il dit, en s'excusant. Mais Mary s'en moque. Il est là. C'est tout. Elle voudrait que cette nuit entière soit semblable à celles qu'elle lisait autrefois. Des communions lyriques où se confondent l'amour et la mort, où viennent se mêler des comètes et des étoiles et tout le monde du ciel, où le corps n'est plus le corps mais s'allège pour permettre la fuite et, comme une lévitation, un grand envol vers des mondes avec d'autres couleurs, de l'or et des émaux, des verrières transparentes comme en savent faire les frères Klimt, partir vers ces coupoles dorées dont lui parlait sa mère, celles de l'Orient magique, ces arabesques, ces rinceaux, et dans la nuit de Mayerling, elle voudrait que ce fût comme un avènement, une ascension où elle et lui ne seraient plus qu'un et léviteraient, allégés de leur propre poids.

Maintenant, c'est la nuit. La première nuit de Mayerling. La première véritable nuit que Rodolphe vit à Mayerling. La seule où il se laisse emporter, dériver au fil de l'amour. La profusion des roses alentour fait croire à une fête religieuse. Le lit c'est l'autel et Mary le tabernacle.

Lentement, Mary prend Rodolphe dans ses bras. Elle l'entoure de ses bras, elle le caresse lentement. Elle est la mère qu'il n'a jamais eue. Elle est jeune pourtant. Mais elle connaît les gestes lents des mères, ceux qui savent rassurer et font pénétrer de la confiance dans le corps des hommes. Elle fait ces gestes sans les avoir appris. C'est une certaine manière de caresser, de passer les mains dans les plis de la peau, de transmettre de sa chaleur à elle, de cette chaleur comme seules les femmes en ont, qu'elles détiennent d'on ne sait où, pas même elles ne le savent, mais elles connaissent le moment qu'il faut pour la donner et la faire glisser chez l'autre.

Alors, elle a choisi ce moment. Dehors, il fait froid. Peut-être une biche caresse-t-elle son faon dans un trou de feuillage. Peut-être dans la bauge secrète, aux odeurs lourdes de suint, un marcassin cherche-t-il le lait de sa mère ? Il y a des animaux qui s'accouplent dans l'ombre et le frôlement des corps bruit dans la nuit.

Dans la chambre, c'est sûrement le même frôlement. Il n'y a qu'une seule chandelle qui brûle encore. Les roses gardent la chambre, semblent veiller. Intermittentes, les lueurs que diffuse la chandelle projettent des ombres, quelquefois le mouvement des corps qui s'étreignent fait vaciller la flamme. Le pavillon de Mayerling est rendu à l'amour. Il n'y a pas besoin de drogue, de poudre de cantharide ni d'alcool pour faire oublier le malheur et la détresse. C'est ce corps de Mary qui fait le miracle. Sa main passe sur le corps entier de Rodolphe. On dirait une magicienne. Car au fur et à mesure qu'elle explore les replis de sa peau, c'est une paix qui pénètre Rodolphe, l'ôte à sa charge, à ses angoisses. Lui, cette nuit, n'attend d'elle que ce don, cette force qu'elle lui prodigue, ce courage qu'elle lui insuffle. Elle est en train de conquérir l'autre monde où elle sait qu'ils vont. Elle sait qu'elle conquiert en ce moment précis quelque chose de très important. Elle avait appris de Marie Larisch les multiples aventures de Rodolphe. Le cynisme de ses liaisons, les femmes en vrac qu'il recevait chez lui, dans sa garçonnière de la Hofburg. Toutes les sortes de femmes, les naïves, les ambitieuses, les hystériques, les passionnées, celles encore qui finissaient par y croire réellement, les prostituées, ce dérèglement du corps qui l'amenait à vivre n'importe quoi pourvu que ces femmes lui fissent croire un moment seulement à cette minute de tendresse qu'il recherchait vainement, ce laps de paix, cette douceur de la main qui passait sur le ventre malade d'angoisses, ce leurre somme toute mais si nécessaire pour survivre. A la fin, il savait qu'il cherchait à mourir, à connaître cette main qui l'entraînerait enfin trop loin pour ne jamais revenir.

Oui, c'était bien de conquête qu'il s'agissait maintenant, de conquête sur ce monde qui ne comptait plus, ce regard aigu, perçant, de l'ailleurs où il fallait coûte que coûte aller. Alors, des mains elle effleurait son corps, devenait véritablement active, passait comme du baume, encore et encore, prodiguait des caresses et lui qui s'y abandonnait, connaissait soudain cet état neutre, absent, presque déjà mortel qui abolissait tout autour de lui, seuls derrière les fenêtres, le crissement sec du givre sur les vitres, le souffle du vent qui claque dans les bois et parvenait jusqu'ici, se mêlaient au ronflement du poêle, et enfin la lourdeur inquiète et prostrée des bêtes dans la nuit d'hiver que le froid raidissait et abasourdissait. Et son corps soudain s'alourdissait comme elles, mais d'une autre pesanteur, se laissait aller, rejoignait des mondes de tendresse et de paix. C'était comme un état flottant, où la conscience n'avait plus de limites mais se perdait dans des zones inconnues, fluides. Il n'y avait plus que le froid, dehors, qui semblait veiller, restait raide et maintenait chaque chose dans cet état de rigidité. C'est Mary qui faisait tout. Mère et maîtresse tout à la fois, elle portait son sexe à lui dans le sien, le faisait glisser dans sa vallée mouillée et se mêler à ses lèvres échancrées, faisait un nouvel organe où lui ne savait qui il était et où elle se confondait à lui.

Et dans ce mélange des chairs, ils devenaient d'autres êtres, livrés au balancement de leurs corps, à d'autres rythmes plus doux et plus onctueux.

Longtemps, ils n'exprimèrent que leur silence, cette rumeur que faisaient surgir les corps, le chant des salives et des humeurs, la friction des baves et de ses eaux à elle, ces bruits indéfinissables mais que l'on n'entend que dans l'amour, quand alentour la ville et le monde ont perdu leur résonance et que s'entame le grand ballet des corps, ce bruit du commencement du monde, ces infinis piaillements, ces balbutiements, ces bruits de bulles qui éclatent, ces petits claquements semblables aux bruits que font les escargots et les mollusques quand ils rentrent dans leur coquille.

Ce silence, c'était celui d'une autre création, de quelque chose qui se faisait, quelque chose de neuf et d'insolite et qui prenait forme. En fait, la chambre de Mayerling bruissait comme une ruche, de tous les autres bruits que faisaient aussi les roses, l'aspiration lente, la succion des tiges dans l'eau, le ronronnement des bûches dans le poêle qui vrombissait, et enfin le silence des corps, comme une nage, qui se mouvaient comme des vagues, haletaient, se renversaient, et cela, tout à coup, avait quelque chose de désespéré, une sorte de chant terrible et sauvage qui se rendait, comme orphelin, à d'autres registres. Malgré tout, c'était la vie qui gagnait là, cette activité des muscles et des organes qui s'unissaient les uns aux autres pour s'aimer.

Et quand ils eurent joui, que Mary trop jeune encore pour connaître complètement ce plaisir du fond du corps mais qui le ressentait autrement, par ce frottement du corps de Rodolphe sur elle, par cette masse de Rodolphe sur elle, par cette nuit entière qui semblait rassemblée sur eux deux, par cette concentration des forces mêmes de la vie, Rodolphe se retourna sur le lit. Au-dessus de lui, il y avait ce lustre aux pampilles de cristal qui tintaient au moindre bruit du vent, et il se surprit à parler, à se souvenir de son enfance, de ces moments d'immense solitude qu'il avait connus, et qui le menaient aujourd'hui à Mayerling, comme dans une prison.

« J'étais à Laxembourg. J'avais toute une aile du château pour moi seul. Jamais Mère n'avait pu y venir plus d'une heure. Juste le temps de m'embrasser, d'agiter devant mes yeux un hochet. Le parc était très grand, il y avait de très grands arbres et des peupliers qui longeaient les murailles et frissonnaient quand il faisait du vent. Je n'ai jamais aimé Laxembourg. Plus tard, quand j'y revins, ce fut pour ma lune de miel avec Stéphanie. Quel ennui! Quelle tristesse s'exprimait de Stéphanie! Quelque chose chez elle me portait à rire, m'exaspérait. Sa faconde joviale, cet air de paysanne des Flandres, toujours contente d'elle-même, voulant se surpasser...

« En 61, nous avons rejoint, ma sœur et moi, Mère à Venise. Au début, nous ne pouvions presque pas la voir. C'était sans cesse le même protocole que ma grand-mère exigeait, même à l'étranger. Elle déléguait pour cela des gouvernantes entièrement dévouées à sa cause et à Venise même, c'était comme si nous étions dans les couloirs de la Hofburg. Jusqu'au jour où Mère se décida à faire l'impératrice. Elle congédia ma gouvernante. Nous allâmes ensemble nous promener dans les calli de la ville. C'était un enchantement. Je me souviens des promenades en landau, du soleil si tendre qui coulait sur mes joues et surtout des mains de Mère qui me caressaient, qui me touchaient toujours en arrondissant les paumes, Mère qui me mettait un bonnet de soie, Mère qui me bordait dans mon landau de promenade, Mère qui riait et dont les rires qui fusaient me parvenaient comme des chants...

« C'est à ce moment-là qu'elle nous quitta pour presque toujours. Elle ne s'entendait plus à Vienne avec ma grand-mère et puis tout la heurtait et la tourmentait. Elle devenait fantasque, s'ennuyait, disait qu'elle allait devenir folle si elle restait plus longtemps ici. Elle voulait nous voir, mais c'était impossible. Elle se desséchait, devenait malade, ses genoux enflaient, elle disait qu'elle allait perdre la vie. Elle décida de voyager. Père, lui, n'avait jamais cru qu'elle y prendrait goût à ce point. Elle quittait Madère pour Venise, Venise pour Chypre, puis de nouveau l'Italie et la Grèce, et toutes les villes et les îles du bassin méditerranéen, elle séjournait des mois entiers loin des froids de Vienne où je croupissais, et quelquefois dans les courriers qu'elle nous faisait parvenir, il y avait des petits mots pour moi tout seul qu'elle rédigeait elle-même, des petits dessins avec des fleurs de soie, des papiers dentelés ou découpés qui disaient qu'elle m'aimait beaucoup mais qu'elle voulait que je lui pardonne, qu'elle ne pourrait jamais se faire à l'humidité de Vienne, à tous ces gens qui la regardaient avec jalousie, qui la détestaient. »

Et tandis qu'il disait cela, à Mayerling, tard dans cette soirée, Mary l'écoutait patiemment, buvait ses paroles, savait que c'était cela l'amour. Maintenant Mary était dépositaire à jamais de ces souvenirs. Elle comprenait soudain que l'amour c'était aussi écouter dans la pénombre ce flot de paroles qui vient doucement sans qu'on l'ait commandé et qui se dit très lentement, presque à mi-voix, ce qui ne s'était pas encore dit, qui se soufflait entre les mots, entre les paroles. Elle devinait confusément les détresses de Rudi, le petit Rudi de Vienne qu'elle aimait tant, et qui était à présent près d'elle, nu sur son lit, avec elle, nue aussi, et qui échangeaient des choses que jamais Rudi n'avait dites, des choses de l'âme, qui se disent quand elle est blessée, largement blessée comme une plaie ouverte et qui s'épanche parce qu'à présent il est inutile de jouer, inutile de mentir plus longtemps.

La neige qui tombe sans discontinuer rend le paysage blanc, immaculé. Tout neuf, pourrait-elle dire. Neuf comme eux maîntenant, qui se sont lavés aux eaux de leurs baisers, de leurs salives, de leurs sueurs, lavés aussi aux eaux de leurs souvenirs.

Il y a quelque chose de pitoyable quand Rudi parle, cette voix qui s'abrège, qui devient de plus en plus grave, de pitoyable et de tendre; c'est Rudi trente ans après qui a envie qu'on le caresse, qu'on lui chante des berceuses comme à Venise autrefois Sissi le faisait. Rudi qui réclame maintenant des tendresses d'enfant, des câlins de bébé. Il fait froid dehors. Dans les terriers, dans les nids, dans les grottes, des mères sont pelotonnées contre leurs petits; dans la chambre de Mayerling, c'est comme un terrier, un nid, une grotte et Mary le sait bien qui couvre de ses bras, de ses mains, de ses cheveux Rudi qui se souvient, qui a peur d'être seul, qui se sait trop lâche pour mourir seul, alors qui parle, qui raconte ses histoires, ses rancœurs, ses mauvais souvenirs, ses châteaux et ses parcs qui l'ennuient, et cette tendresse qu'il recherche toujours et qu'il n'arrive jamais à trouver.

La petite horloge de voyage égrène ses heures. Le poêle ronfle et craque, le pas des serviteurs au-dessous va et vient, et le claquement du givre frappe contre les fenêtres.

A la Hofburg, cependant, dans l'austère bureau de l'empereur, une autre horloge égrène sur la cheminée les mêmes minutes qui passent. Un cliquetis cristallin qui scande imperturbablement le temps envahit la pièce, les épaisses tentures de velours absorbent les bruits de la ville, les gens qui passent, les landaus qui traversent les places que François-Joseph regarde, indifférent.

Il sait que Rudi, son Rudi qu'il allait voir dans sa chambre une fois ses obligations remplies et avec lequel il aimait jouer aux marionnettes et au hochet, il sait qu'il est parti loin maintenant. Mayerling... Le nom résonne comme de la pluie qui goutte... Quelque chose qui fait penser au malheur. Il se remémore tous les moments qu'il a passés avec lui et il sait qu'ils sont courts. L'a-t-il seulement aimé ? N'a-t-il pas fait passer ses devoirs d'État avant Rudi ? Et pouvait-il compter sur Sissi, la malheureuse déjà si tourmentée qui s'en allait chercher constamment ailleurs ce qu'elle ne trouverait de toute façon jamais ?

Il se souvient de cette dure journée d'hier, d'avant-hier, il ne sait plus, celle où il avait convoqué Rodolphe pour mettre au clair ces histoires politiques, ces sortes de complots qu'il tramait, ces rôles de chef de guerre, ces airs de fin politique qu'il se donnait, il se souvient de l'avoir humilié, et cette femme, Mary, qui se piquait maintenant de braver la cour, qui ne se contentait pas de rester dans son rôle de petite maîtresse de l'archiduc, qui jouait déjà à l'impératrice, refusait de saluer Stéphanie, et toute cette traînée de scandale qui courait derrière sa famille, ces Vetsera trop roturiers, trop légers. François-Joseph lui avait mis en main l'ultimatum : il fallait que cela cesse. A ce moment des conversations, il prenait cette voix intransigeante, celle du monarque qui faisait fi absolument des sentiments. Ce n'était plus Rodolphe, ce n'était plus Rudi, celui en qui il espérait tant, dont il avait été si fier quand on était venu lui annoncer cette nuit-là du 21 août 1858 la naissance. Il avait traversé les longs couloirs de la

Hofburg au pas de charge, avait pris l'enfant à peine né dans ses bras, l'avait levé haut pour que tous ceux qui étaient présents le vissent bien. Il avait fait mine de mettre le collier de la Toison d'or à son cou, sur cette peau encore fripée, tout humide des humeurs de sa mère et il avait pleuré, oui, il avait pleuré, lui, l'empereur, avec ses airs d'aigle hautain qu'il se donnait toujours, il avait vraiment pleuré.

Maintenant trop de choses se sont passées. Rudi, il l'avait confié à d'autres hommes, des soldats, des précepteurs et toute sa vie, il n'avait pas compris ce qu'était ce jeune homme possédé par cette rage qu'il mettait, lui, François-Joseph, à vouloir tout contrôler et ne rien céder, pas une seule parcelle de son pouvoir, pas une once de son autorité. Et Rudi, il le savait, s'était tourné vers les jeux de l'amour et des intrigues par désespoir, désamorcé, désœuvré.

L'amour, il ne savait pas trop ce que cela voulait dire. Il était comme un monstre plein de cet orgueil, de cette puissance de pouvoir, cette capacité de travail qu'il abattait comme une bête de somme, ce père immense, énorme qu'il était pour son peuple entier.

Il n'avait pas su retenir Sissi, la bien-aimée, si fine avec ses cheveux qui descendaient jusque sur ses reins, avec son odeur de feu. Aimer... se disait-il, n'était-ce pas pour eux, les Habsbourg, servir leur peuple et le pays, n'était-ce pas cela plutôt ?

Et puis, il y eut l'été 1885. L'empereur reçoit le tsar Alexandre III à Kremsier, une petite ville de Moravie. Le tsar en effet, traumatisé par l'assassinat de son père, refuse de rencontrer François-Joseph à Vienne. Les activités souterraines et subversives de certains nihilistes dans la ville l'effraient. La réception est brillante quoique aux dires de Rodolphe, qui s'est vu obligé d'assister aux fastes, la compagnie du tsar et de sa suite ne soit guère distinguée. N'importe. François-Joseph le reçoit dignement et a même invité la troupe du Burg Theater à interpréter *le Songe d'une nuit d'été* de Shakespeare.

Dans la douceur de l'été et en plein air, la pièce, baroque et fantaisiste se prête à merveille au décor et la Schratt, la plus célèbre comédienne de la troupe, fait des ravages dans le cœur du tsar qui demande même à l'empereur l'autorisation qu'elle dîne à la table officielle. Ne pouvant refuser quoi que ce soit à son hôte, François-Joseph accepte : il ne sait pas que cet incident protocolaire lui sera fatal. La Schratt est couverte de cadeaux par Alexandre III : gerbes d'orchidées, broche sertie d'émeraudes. Mais dans l'esprit de Sissi se fomente un curieux dessein. Elle sait que l'empereur nourrit une grande admiration pour Katharina Schratt : pourquoi ne servirait-elle donc pas de suppléante ? Pourquoi ne favoriserait-elle pas elle-même une amitié amoureuse entre l'empereur et la comédienne ? François-Joseph se sentirait moins seul pendant ses longs voyages et aurait une tendre compagnie auprès de lui. Sitôt imaginé, sitôt réalisé. Elle commande au peintre mondain, Heinrich von Angeli le portrait de Katharina, ménage un rendez-vous avec l'empereur chez le peintre, lui conseille quelques cadeaux pour la comédienne. Dès lors, François-Joseph ne pourra plus se passer de cette jeune femme dont il est l'aîné de vingt-sept ans. La Schratt deviendra l'amie discrète et silencieuse, l'hôtesse attentive et dévouée de l'empereur. Une amitié solide et respectueuse sera entretenue entre elle et Sissi qui voyait cette situation tout à fait confortable pour tous les trois. Déculpabilisée de ses absences, rassurée quant à la bonne compagnie de l'empereur, elle pouvait ainsi jouir plus librement des paysages grecs et fouler avec bonheur la grande plaine de Troie, sur les traces d'Achille...

Mais il y a des silences, trop de silences qui restent. Le palais est muet. Les étoffes, les meubles trop lourds étouffent les bruits, la vie somme toute. Il est là, debout dans l'embrasure de la grande fenêtre et c'est comme la mort. Qu'est donc allé faire Rodolphe à Mayerling ? Est-ce seulement un de ces rendez-vous d'amour ? Mais il le sait bien, cette précipitation est étrange. Est-ce donc maintenant qu'il va payer le silence et le mutisme ? Est-ce donc l'heure des comptes ?

Il se tient au courant heure par heure de la situation à Mayerling. Il sait que Mary y est, que Rodolphe aussi. Qu'y trament-ils ?

Les grilles de la propriété sont fermées. Pas moyen d'en savoir davantage.

Son esprit se brouille. Il est déjà vieux, François-Joseph. Quelquefois, tout se mélange dans sa tête. Dehors, des flocons en bourrasques tombent sur la grande place. Ils rasent le sol, font comme des voiles blancs qui voltigent, basculent et bouchent les perspectives. Poussant davantage les lourds rideaux de velours, il peut surprendre la silhouette hâtive d'une femme qui passe là-bas, emmitouflée dans sa redingote au col garni de fourrure, comme on en voit dans les scènes de rues des peintres viennois. Toutes ces silhouettes qui se croisent, se parlent quelquefois, ce ballet étrange de la vie où chacun, tout en trottinant sous la neige, poursuit son histoire, sa vie. Cette foule formidable d'individualités, de destins solitaires qui lui échappent, à lui, l'empereur et dont il a cependant la charge.

– C'est l'hiver, c'est bien l'hiver, soupire-t-il en maugréant.

C'est le même hiver, brûlant de neige et lourd de ses sapins et de ce ciel blanc, à Mayerling. Il a surgi depuis des semaines déjà, quand les feuilles venaient à mourir, enchâssant toute la forêt, le domaine, ne laissant plus de chance au soleil d'y pénétrer, à quelque souffle chaud de printemps qui viendrait incliner doucement les branches et les bercer. Dans les bras de Rudi, Mary se sent comme ailleurs, transportée dans elle ne sait quelle arche mystérieuse qui l'enlève et lui fait oublier son propre passé.

Comme elle est loin, la vie de cour qu'elle enviait il y a quelques semaines à peine! Comme elles lui paraissent vaines et ridicules ces promenades en calèche, ces sorties à l'Opéra, ces intrigues de la Hofburg auxquelles elle devait se plier! Elle se souvient de Kleist qu'elle aimait tant lire, cette envie si pressante qu'il avait lui aussi de quitter ce monde, de trouver ailleurs, dans la nuit des rêves, ce qu'il ne pouvait jamais posséder ici : « Viens, disait-il à celle qui voulait le suivre, viens! » Elle se souvient de cette voluptueuse ivresse qui les avait saisis tous deux, Kleist et Henriette, quand ils prirent, dit-on, ce déjeuner dans ce Midi radieux, puis ce café sous les grands arbres et qu'ils chantaient et jouaient à cache-cache, à colin-maillard. Songeaient-ils que dans quelques instants, ils seraient deux cadavres couchés l'un près de l'autre, elle, les deux mains sur sa poitrine, corsage dégrafé et une longue estafilade de sang coulant près du cœur tandis que Kleist, presque agenouillé auprès d'elle, aurait la tête en sang, le cerveau déchiré?

Elle sentait bien que Mayerling était le passage, la voie obligée pour que Rudi soit complètement à elle et qu'elle renaisse autrement; elle ne savait rien de ce qui allait se passer, elle ne pensait à rien, dans les bras de Rudi, c'était déjà comme après la mort, quelque chose qui faisait que bâtir des projets, imaginer, concevoir, échafauder des plans, ne voulait rien dire, ne signifiait rien; elle se souvient seulement qu'elle avait rêvé autrefois, à une représentation du *Prince de Hombourg* quand, mourant, le prince disait :

Mon esprit s'élance dans les calmes espaces éthérés
Et comme le navire emporté par le souffle du vent
Voit s'effacer à l'horizon le port bruyant
Toute ma vie s'enfonce dans un crépuscule :
Tantôt j'en distingue encore les formes,
Tantôt tout disparaît sous moi dans un brouillard.

Et cela l'avait frappée, elle nourrissait au fond d'elle-même cette envie de partir, de connaître le bruissant silence des envols, à travers les nuits obscures soudain éclairées d'astres et d'étoiles surgissant du gouffre noir. Elle relisait les passages des poètes où ils sentaient des ailes les soulever et les porter vers des espaces nouveaux où il n'y avait ni le jour ni la nuit tels qu'elle les voyait ici, mais où l'esprit, délivré des affres du désir, voguait en paix.

Quand elle ne percevait pas en elle la lourdeur de son sexe, la rotation régulière de ses doigts dans son sexe à elle, qui lui faisaient perdre conscience et la rendaient vacillante, elle prenait le visage de Rudi dans ses bras, et de la tendresse passait. Dans ces moments d'extase, où nulle parole ne s'exprimait, elle concevait ce que pouvait être ce plein de la vie que les poètes recherchent tant, et dont elle jouissait maintenant, à l'orée de ce voyage qu'elle devinait. Comment pouvait-elle dès lors imaginer le retour à Vienne, les solitudes, les mensonges, les masques qu'elle devait porter toujours là-bas, les défis qu'elle ne manquerait de lancer à la cour ?

Et souvent, de l'obscur silence des corps, de la torpeur qui les emportait, surgissaient des bribes de mémoire, des souvenirs d'autrefois, insolites, petits comme des éclats de lumière mais qui embrasaient la chambre, l'illuminaient. « Je me souviens, disait Rudi, je devais avoir six ou sept ans, quand on fit le grand tableau de Mère. Winterhalter ne voulait personne quand Mère posait, mais elle avait réussi à m'imposer quelques instants, – " un tout petit moment, maître, je vous en prie " –. Elle paraissait un personnage sorti des contes de fées, quelque nymphe vaporeuse nimbée dans son tulle parsemé de fleurs, de petites violettes, cette taille si fine, ce corps si long, si mince, et ces cheveux qui tombaient comme du feu tout piqué de fleurs. Je la regardais poser, elle ne bougeait pas, s'imposait une heure à ne pas bouger d'un pouce, seul le tulle frissonnait comme un nuage, tu sais, ces nuages qui chassent le bleu du ciel quand il y a du vent, légers comme de la gaze, qui se déchirent, se recomposent. » Mary recevait ces confidences comme des caresses, elle entrait dans l'histoire de Rodolphe, imaginait son enfance, car rien dans ces jours de Mayerling, ne devait être passé sous silence, corps et âmes devaient être rendus nus pour le départ.

Mary, à chaque minute qui passait, se faisait à cette idée. La marche inexorable du temps qui s'égrenait à l'horloge de voyage posée sur la console l'entraînait dans des mondes plus feutrés. Comme ceux que la neige, étouffant les bruits, suscite. Mayerling, c'était déjà l'ailleurs. A Vienne, dans les kiosques à musique, dans les tavernes, on joue des valses à refrain. Mais cette musique-là a pour elle l'écœurante impression du trop connu, du déjà entendu. Ici, à Mayerling, dans le silence épais de la forêt environnante, il y a le bruit de coton de la mort, et les sons différents, étouffés, de l'autre monde.

Cette nuit-là, il dut neiger très fort. Aucun bruit, même assourdi, ne parvenait dans leur chambre. Un silence opaque, lourd, semblait tout absorber. Quelques pétales de roses se détachaient des bouquets et l'on pouvait encore entendre l'éclosion presque craquante des fleurs. L'odeur des bougies finissantes et qui grésillaient envahissait la pièce, ramenait aux bruits familiers des églises. Rudi disait qu'il avait chaud, alors elle l'aspergeait d'eau de Chypre et les senteurs insistantes du parfum se répandaient en se mêlant à celles des roses.

– Je voudrais ne plus bouger, que tout s'arrête là, disait-il. Demain, je ne sortirai plus de cette chambre. Il n'y a plus de jour et plus de nuit pour moi. Plus de cette lumière qui doit se lever immuablement, arracher à la nuit les bois et les forêts, se glisser entre les taillis, rendre plus blanche encore la neige, réveiller les plantes et les bêtes. Plus de cette lumière qui, vers le soir, pâlit et s'obscurcit, semble se faner et s'éteindre jusqu'à ce que la nuit épaisse s'abatte sur toutes choses. Il n'y a que toi et moi. Ce corps de toi sur moi, ces mains que je touche.

Puis elle ne voulait plus parler. Elle était comme

immergée dans une molle torpeur que l'odeur des roses, suffocante, alourdissait. Elle pensait qu'elle ne sortirait plus d'ici, cachée même par Rodolphe qui voulait garder secrète leur rencontre au regard de son beau-frère Cobourg et du comte Hoyos. Ils devaient venir très tôt mardi 29 janvier. Une chasse était prévue dans le domaine à laquelle Rodolphe s'était engagé à participer. Toute la nuit fut entrecoupée de caresses et de somnolence. Il y avait une telle énergie rendue à l'amour qu'ils ne sentaient plus même leurs corps, chavirés. Mary, pour se lever, devait se tenir aux meubles, elle disait que « ses jambes la quittaient ».

A Vienne, régnait une activité inquiète. Hélène Vetsera avait dépêché la comtesse Larisch et Alexandre Baltazzi auprès de leurs amis influents pour tenter de retrouver Mary. Le baron Krauss savait qu'ils étaient là, à Mayerling, coupés du monde et de la vie.

A la Hofburg, François-Joseph avait demandé à être informé du moindre mouvement anormal autour du domaine. Mais rien, aucun indice jusqu'à présent n'arrachait à Mayerling son secret de châsse, son silence mortel.

Soudain, la grille du domaine laissa passer Hoyos et Cobourg. Ils allaient à la chasse seuls, le prince ayant prétexté un rhume. La police embusquée aux portes du domaine télégraphia aussitôt à la Hofburg. Ainsi Rodolphe avait-il renoncé à son plus grand désir !

Quelle muette complicité la Dame blanche entretenait-elle avec lui ? Quel pacte secret lui suggérait-elle ?

Quelque chose de lourd et de terrible harcelait François-Joseph. Il se prenait à craindre pour son Rudi. Tout se mêlait, ce que Rodolphe représentait, l'unique héritier de l'empire et cette force instinctive qui le poussait à l'aimer comme une bête, sans savoir pourquoi, parce que c'était son fils, qu'il l'avait conçu, un soir qu'il avait jeté bas son masque d'empereur austère et grave, pour se coucher dans les bras de Sissi, si fluide et si belle.

Maintenant qu'il était loin, qu'un obscur pressentiment

l'habitait, il se mettait à mieux comprendre Rodolphe, leurs solitudes, ce fossé qu'il y avait entre eux. Avait-il quelque signification, ce stupide accident de chasse qui avait failli lui coûter la vie ? Il n'y avait, sur le coup, prêté attention. C'était à Mürtszteg, en Styrie ; une chasse avait été organisée à laquelle il assistait avec Rodolphe. Les forêts épaisses cachaient du gros gibier, surpris dans ses bauges, au fond de ses taillis. On sentait quelque chose de barbare et de terrible qui passait dans cette harde d'hommes et de chiens, assoiffés de meurtre et de violence. Le son des cors trouait le silence des bois, le déchirait soudain comme un sanglot. Et toujours la rage de Rodolphe à tuer les bêtes, à s'abolir dans cette chasse à la vie, à trouver dans cette poursuite quelque compensation, quelque divertissement à sa solitude. Devant lui, écrasant les taillis, sûr de son instinct de bête traquée, les pupilles révulsées, un sanglier énorme, une autre solitude. Soudain François-Joseph se le rappelle bien maintenant, cet éclair de folie qui passe dans la tête de Rodolphe : tuer, tuer contre toutes les règles, tirer à l'aveuglette dans le buisson feuillu, dans cette masse immense de poils sombres où dessous du sang court, des artères battent, s'affolent quand il faut fuir ou aimer, tirer, oui, avec acharnement jusqu'à céder. Alors, seulement, dans la tête de Rodolphe, venait comme un soulagement, une paix qui occupait son esprit ; mais ce jour-là, la balle avait traversé le fourré, esquivé miraculeusement l'empereur et atteint le garde-chasse. Fallait-il croire aux rumeurs malveillantes qui prétendaient que Rodolphe avait voulu tuer son père ? Maintenant, François-Joseph se souvient de cet accident. Il pense à ce mélange de Habsbourg et de Wittelsbach, à cette folie qui parcourt les deux familles, à ces absences, à ces trous. La vie avait repris comme si de rien n'était. Il avait fallu jouer, porter à bout de bras cette dynastie, cette vieille histoire d'hommes et de femmes, s'alourdir de ces problèmes et des haines cachées. Mais il y avait comme une blessure chez l'empereur, quelque chose de définitivement perdu, cet échec qu'il ensevelissait chaque jour davantage,

Sissi toujours partie, Rodolphe, irresponsable, débauché, drogué, malheureux. Depuis que Rudi est à Mayerling, il comprend mieux les choses, c'est comme si tout s'éclairait maintenant, dehors, dedans, c'est toujours la même histoire. La même étiquette qui régit la vie et les hommes, la même solitude qui noue la gorge, le même deuil qui surgit.

Intuitivement aussi, Rodolphe avait compris le déchirement qui unissait toute sa famille. Vienne portait en elle ces senteurs de mort, cette grâce si élégante et toutes ces différences vivaient ensemble, parfois avec douleur et il trouvait qu'entre Vienne et sa famille, il y avait une ressemblance, une identité étrange et fascinante. La ville pouvait bien se parer de toutes les beautés possibles, elle laissait échapper souvent une violence presque blessante, brutale, antique. Derrière chaque silhouette qui se prélassait au Ring comme un paon, malgré ce luxe et cet apparat, on sentait quelque chose de mortel, d'irrémédiablement fini, comme un temps qui s'achevait et croulant sous les roses et la musique, pourrissait et ne parvenait pas à achever son agonie.

Souvent, Rodolphe s'interrogeait sur les mystères de l'hérédité. Ce sang qui le parcourait, fait du sang mêlé de deux cousins germains, et toute cette folie qui régnait autour de lui, cette violence qui faisait fuir sa mère dans des lieux de paix, des paysages plus sereins, cette errance qu'elle poursuivait comme une folle elle-même, à la consternation générale, cette exilée qui croyait échapper au destin en voyageant, en admirant les œuvres d'art et en se coulant dans les terres de soleil, toute petite devant l'immensité des spectacles naturels, comme si elle voulait se faire pardonner quelque péché, faire oublier aux dieux qu'elle était impératrice, mais simplement une femme comme les autres qui ne demande qu'à vivre du soleil et de la terre.

Mais sans cesse la violence revenait, et surtout la terreur d'être atteinte, souillée par ces forces obscures qui se propageaient de père en fils, et venaient jusqu'à eux dans cette Vienne aux relents de mort, aux emballements suspects, avec cette musique qui, partout, envahissait la ville, gaie et trop pimpante pour être vraiment heureuse et, le soir, il fallait revenir dans les appartements glacés de la Hofburg, dans ce décor d'or, de rouge et de blanc, mais si grand qu'il écrasait les êtres.

Rodolphe avait aussi pris intérieurement la décision de ne plus quitter Mayerling. C'était comme un cocon qu'il s'était constitué, sûr de trouver ailleurs ce qu'il avait si vainement cherché. Mayerling, il s'en rendait compte maintenant, le changeait. C'était le point d'une vie, le moment si aigu où tout allait basculer, mais où tout aussi devenait plus clair, plus calme. Il pensait qu'à Mayerling, il devenait un autre homme, une sorte de rédemption s'opérait en lui, une force qui le rendait meilleur, le lavait de cette débauche qu'il vivait comme une détresse, avec une rage qui lui faisait oublier cette manière qu'il avait de se déchirer, de descendre de plus en plus bas.

Le froid ne démordait pas. Du vent passait sous les fenêtres malgré les tentures de velours, les gonflait même, leur donnant quelquefois des allures de voiles de bateau. Rodolphe, seul, était sorti pour donner le change. Mary, elle, restait calfeutrée dans la chambre, alourdie de désir et d'ailleurs.

Rien ne se disait de la mort, de la manière dont ils franchiraient la frontière mais tout parlait d'elle, du destin des roses flétries, de cet air moite et vicié, presque suffocant, et ce silence qui cognait comme le sang aux tempes et aux poignets et d'un pas lent, les entraînait vers la nuit dont ils espéraient tant.

Elle venait de fait doucement, s'immisçait dans la chambre d'un air indifférent, plantait ses racines subrepticement et l'on finissait par s'habituer à sa présence.

L'odeur de la mort flottait un peu partout. Elle s'échappait des vases car de l'eau trop chaude émanaient des effluves comparables à ceux des fosses des cimetières où croupissent des gerbes fanées. Quelquefois, Mary allait jusqu'au guéridon d'acajou où l'on avait déposé un petit bar à Xérès. Elle buvait un verre de vin cuit qui lui montait à la tête, échauffait son imagination et elle se prenait pour une héroïne de roman, perdait contact avec la réalité, était déjà transportée ailleurs. Elle pensait à des lettres qu'elle écrirait bientôt à ses parents, à son jeune frère surtout dont elle aimait tant la spontanéité, regrettait de n'avoir pas emporté avec elle quelques ouvrages de Heine ou de Kleist qu'elle aurait bien aimé relire en l'instant présent, sentait que son corps lui échappait, rendu lascif par la chaleur et l'enfermement. Elle se racontait à elle-même des histoires qui exaltaient son esprit, l'échauffaient et marquait de l'orgueil à savoir qu'elle seule possédait Rudi aujourd'hui. Elle concevait de la peine de n'avoir pas confié à sa mère sa décision de se rendre à Mayerling. Mais le travail de la mort agissait ici avec la lenteur qu'elle imaginait aux poisons. Elle sentait que quelque chose l'abandonnait, que le souffle de la vie, celui qui lui donnait l'envie de parader au Prater, de se cacher derrière les plumets de son éventail, de danser, de rire et de se parer la quittait et elle s'enfonçait dans une torpeur qu'elle ignorait et plus rien peu à peu ne l'affectait, elle se sentait glisser mollement et les forces de la nuit la happaient silencieusement.

Rodolphe ne tenait pas en place, en lui-même il redoutait de rentrer dans la chambre où Mary se sentait enfermée. C'est qu'elle ressemblait trop déjà à ces chapelles ardentes et il pensait à celle qui avait abrité Louis. Il y régnait une odeur d'encens, de roses et de Chypre, quelque chose d'écœurant qui prenait à la gorge et la brûlait. Il hasarda quelques pas dehors. Le vent, cinglant, lui heurta son visage. Il le reçut de plein fouet, mais rien dorénavant ne l'affectait. Il le brava sans y prêter attention, pensant à autre chose de plus ample, de plus paisible aussi. Pensait-il même à Mary ? Il l'entraînait avec lui dans cet espace qu'il ignorait mais avec obstination il s'acharnait à l'aimer, à se jouer la comédie de l'amour. Il avait lu dans des romans cette passion qui portait le héros, cette immense brûlure qui devait secouer son corps, l'attelait tout entier à l'autre, et sans qu'il y crût trop, il affectait les mêmes sentiments, et s'abandonnait à cette force qui ne lui appartenait plus.

La neige, ce matin-là, avait cessé, semblait même vouloir céder la place à la pluie. Mais toute la nuit, elle avait recouvert le domaine, affublant les arbres de parures trop lourdes pour eux, et sous son poids, ils ployaient, paraissaient indolents et affligés. Il semblait aussi que toute la vie se fût arrêtée, quelques chiens de la meute qui n'avaient pas participé à la chasse se terraient dans leurs niches et pas même les oiseaux, aventureux d'ordinaire, ne s'approchaient de la demeure. La neige n'était pas blanche, mais se teintait de gris, donnait à tout le paysage des allures sales. Les domestiques sentaient la lourdeur du jour naissant, au visage inquiet et tourmenté de Rodolphe, se doutaient de quelque mauvaise histoire. Chacun vaquait en silence, se faisait tout petit.

Il rejoignait souvent Mary, avait pour elle des attentions très douces, lui faisait monter des collations, des thés et des confiseries, mais c'était un peu une veillée de départ. Mary ne voulait rien prendre, comme si elle souhaitait s'alléger de tout, elle était devenue plus pâle qu'hier, tout comme les roses qui l'entouraient. Cela se voyait davantage encore car elle avait d'ordinaire ce teint plutôt mat des femmes du sud qui avait fait la jalousie des Viennoises et avait tant compté auprès de Rodolphe quand ils s'étaient rencontrés pour la première fois. Maintenant, la couleur de sa peau semblait se faner, on pouvait même apercevoir le réseau bleuâtre de ses veines parcourir ses mains et son visage. Rudi disait qu'il attendait le retour de Hoyos et de Cobourg. Il chargerait Cobourg de l'excuser auprès de l'empereur de ne pas assister au grand dîner qui aurait lieu à la Hofburg. Il prétexterait encore cette mauvaise bronchite. Ainsi, la nuit serait à eux seuls et au départ. Il savait qu'elle arriverait vite maintenant car à cette heure de la journée, la lumière décline déjà, laissant place au silence et au froid. L'étau de la forêt viennoise, si épais, recèle davantage de noir et de solitude. Les bras de ses arbres n'accueillent pas ceux qui s'y promènent, et même si en passant dans les chemins forestiers, quelques branches trop basses caressent ceux qui s'y aventurent, la caresse a quelque chose d'une malédiction. Mary ne comprenait pas non plus ces allées et venues, cette sourde inquiétude qui semblait s'emparer de Rudi.

C'était ce secret qu'il portait en lui, cette culpabilité qu'elle lui causait, qui le tourmentait. Il attendait, mais cela, il ne pouvait le confier à personne, ce vote du parlement hongrois qui risquait de mettre en péril la double monarchie. Son titre de prince héritier l'avait confiné à des rôles de représentation dont il avait assez. Il piaffait d'impatience et rongeait son frein devant la tranquille assurance de son père qui, loin d'envisager d'abandonner le pouvoir au bénéfice de son fils, le reléguait au rang des princes d'opérette, l'envoyant inaugurer telle ou telle exposition ou le faisant représenter à des cérémonies officielles. Rodolphe, cependant, voyait la dérive de l'empire avec une acuité qui frisait la voyance, comme sa mère qui avait tenté de changer quelque chose à l'ordre établi. Mais très vite, il s'était rendu compte qu'il était impossible de modifier l'ordre de la Hofburg, fixé à jamais par une étiquette qui datait de Charles Quint et de Philippe II et de rectifier les orientations peu audacieuses de son père. Il se complaisait dès lors dans des imaginations délirantes le plus souvent mais dont la modernité pouvait surprendre. Il ne rêvait ainsi que d'un vaste système de nations regroupées en fédérations, qui tout en ayant fait allégeance à la couronne des Habsbourg, fortifieraient cependant leurs différences et leurs usages et pourraient se compléter utilement.

Ses rêves d'expansion le poussaient jusqu'en Orient, à Constantinople où il avait imaginé de se faire couronner. Et c'était à Budapest qu'il voyait le centre de l'empire et non plus à Vienne dont la situation géographique était trop décentrée.

Ces supputations parvenaient aux oreilles de François-Joseph, car Rodolphe ne se privait pas d'en faire part à des esprits libéraux de la ville qui, trop heureux d'avoir une caution aussi puissante, répandaient les idées de l'archiduc jusqu'à le compromettre gravement.

Il suffisait pour cela de lire les articles de la *Wiener Zeitung* pour être assuré que c'était Rodolphe lui-même qui les avait rédigés ou inspirés. La Révolution de 1789 l'avait particulièrement impressionné et il célébrait ses effets avec une fougue et un zèle qui irritaient son père, de même que son amitié pour Clemenceau ne lui plaisait guère.

Rodolphe devenait peu à peu marginal dans sa propre famille et sa différence ne laissait pas l'empereur d'être soucieux. Car comment concevoir de transmettre l'héritage des Habsbourg à un être aussi instable et mouvementé? Comment lui confier les rênes d'un pouvoir édifié depuis si longtemps avec une rigueur et un conservatisme aussi stricts?

Rodolphe s'était ainsi détaché des affaires de la Hofburg. De brimade en brimade, il s'était laissé aller à la débauche, au jeu des femmes et observait avec colère ce père exemplaire qui voulait rester le plus longtemps possible aux commandes colmatant les brèches que son fils provoquait en sous-main, atténuant ses caprices et ses excentricités par une gestion implacable et une pérennité qui satisfaisait les milieux de la finance et les petits-bourgeois de Vienne. Aux facéties de Rodolphe, François-Joseph opposait un mode de vie monacal et irréprochable;

il était aux yeux des conformistes et des nantis le garant de l'intégrité monarchique. Mais en même temps, sournoisement, de la colère s'était glissée contre ce père si mécanique et si froid, de la jalousie, et souvent, ses proches attisaient cette rancœur, faisaient piaffer son impatience de gouverner. L'empereur trouvait son fils trop instable, ses aventures amoureuses le consternaient, et, préférant se leurrer lui-même, ne voulait pas voir les premières traces de son déséquilibre. Pourtant, les rapports de police lui revenaient nombreux sur son bureau : usage de drogues, descentes chez des prostituées notoires de la ville, beuveries, rien qui ne fût digne d'un futur empereur. C'est pour cela qu'il travaillait autant, voulant comme expier cet échec tandis que Sissi arpentait les mers, courait avec un helléniste célèbre sur les traces d'Ulysse, épuisant toute sa suite par sa rage de vivre. Il y avait cette grandeur morale, cette dignité de vieux romain qui exaspérait Rodolphe et qui lui rendait son père encore plus lointain. Il aurait aimé qu'il lui confiât quelques missions secrètes dont il se serait acquitté avec bonheur, mais son instabilité psychique, ses colères soudaines, son manque de maîtrise de soi n'incitaient guère François-Joseph à l'aider. Sa froideur coutumière gênait tout son entourage et l'on chuchotait même qu'il répugnait à mettre son fils au courant de la marche de l'État.

Rodolphe s'était aussi passionné pour la cause hongroise. Sa mère, autrefois en avait été le plus sûr espoir. N'avait-elle pas été reçue en Hongrie comme une reine, comblée de cadeaux et d'honneurs ? Elle avait séduit le pays dans sa tournée triomphale mais depuis que Sissi avait compris qu'elle ne pourrait jamais jouer un quelconque rôle ici ou là, tenue en laisse par l'autorité implacable de sa belle-mère, l'archiduchesse Sophie – elle se souvenait toujours de la manière dont on lui avait arraché ses enfants –, elle avait laissé la place vide, princesse errante et brisée.

Rodolphe pensait jouer le rôle que sa mère avait laissé vacant. Encouragé par l'opposition hongroise qui rêvait d'un État indépendant dont lui, Rodolphe, serait le roi à part entière, il avait pris pour ami le comte Étienne Karolyi qui lui faisait miroiter la couronne. La loyauté de Rodolphe envers la double monarchie était totale. Il se savait Habsbourg et ne pouvait penser à compromettre ainsi gravement l'édifice que ses ancêtres avaient édifié et que son père gérait coûte que coûte avec obstination. Mais peu à peu s'était insinuée la trahison, peu à peu s'était infiltré le doute. C'était à ces moments-là de vacillement que Karolyi et ses amis agissaient, sachant le prince faible et indécis. Ils revenaient régulièrement à la charge et tenaient toujours tête aux dénégations de l'archiduc. Ils connaissaient aussi ses impulsions, ses manières de se jeter brutalement dans un projet, mais ils n'étaient pas sûr en revanche qu'il aille jusqu'au bout. C'est pourquoi Karolyi procédait lentement, faisait germer dans sa tête des idées d'expansion, des soifs d'indépendance. François-Joseph avait alors la police la mieux renseignée du monde : efficace et infiltrée partout, il n'ignorait rien des activités de son fils, mais il comptait sur ses démons, sur sa peur qui le tenaillaient constamment, et il avait comme du mépris pour ce fils qu'il avait cependant tant souhaité. Au courant de tous les agissements du prince, de ses rendez-vous, il essayait de reconstruire ses desseins, de déjouer ses plans. Il était, lui, l'empereur, le gardien de cet empire colossal et chancelant dont il avait eu la charge et percevait bien sourdement les premières secousses. De silences en malentendus, le fossé s'était creusé. Et dans ses débauches ou ses délires, Rodolphe sentait la solitude lui peser, les serres terribles de la mort l'agripper.

Ses amis libéraux avaient, ces temps derniers, maintenu une pression telle qu'il s'était senti acculé à prendre des décisions qui l'engageaient et le liaient trop avec les ennemis de la double monarchie. Il attendait maintenant des nouvelles de Budapest. La loi de recrutement devait passer au parlement et tout soudain pouvait basculer, Karolyi réclamant une armée hongroise indépendante. Le bureau de poste d'Alland devait lui faire parvenir un télégramme rédigé par Karolyi. Il lui parvint enfin : 267 voix contre 141. La rébellion était étouffée dans l'œuf même.

Il ne restait plus décidément qu'à mourir.

La lumière du crépuscule couvre Mayerling. Il y a des soirées plus obscures que d'autres, des soirées étranges où le jour cède la place à la nuit d'une manière plus farouche; maintenant, le ciel grisâtre plombe le domaine, quelques cris épars de bêtes trouent le silence feutré de la forêt. Le vent, qui toute la journée a soufflé, a glacé la neige. A cette heure-ci, elle prend des couleurs bleues, des éclats durs. Plus distinctement, il entend la chasse rentrer à Mayerling. Il ne veut pas voir les bêtes déchargées dans la cour, il a peur soudain du sang. La meute des chiens se rapproche; leurs aboiements claquent dans le froid. Des sueurs glacées coulent le long de son cou. Quelque chose de vide s'empare de lui. Il lui semble que la Dame blanche prépare la dernière scène. Elle dispose le décor, elle met en place l'agonie.

Il se souvient de cette littérature que sa mère se complaisait à lire où le paysage se confondait toujours avec les états de l'âme. Où, pénétré de douleur ou d'angoisse, le héros achevait sa vie dans des espaces tourmentés, torturés. La vie de Vienne camouflait ce désespoir. Les paillettes et les strass, les dentelles brillantes et les fêtes incessantes n'avaient pour but que de le cacher. Mais il sentait bien qu'il portait d'autres poids, d'autres patrimoines dont il ne parviendrait à s'alléger que par la mort. C'est que la vie n'avait guère vécu à Mayerling. Venu de rares fois pour se reposer de la cour, il y avait entraîné des maîtresses légères ou bien débusqué les bêtes des bois, et le domaine semblait maintenant se souvenir de ses fautes. Quelque chose dans le port des arbres faisait peur. Aucun n'avait ces poses alanguies qu'ont les sapins au printemps quand, dégagés du poids des neiges, ils s'ouvrent au soleil et à l'air frais. Aucun n'avait à ses pieds ces touffes de fleurs naissantes, ces primevères ou ces violettes, ces fragiles roses d'hiver qui rassurent et donnent à espérer. Rien que cette gangue à présent dure et gelée qui ferme tout. Pas une tache de couleur qui puisse faire penser à la vie. Mayerling devenait soudain le lieu de la mort.

En rentrant dans le pavillon, il demanda à Mall de faire monter un thé très chaud. En rejoignant la chambre où se trouvait confinée Mary, il eut le vertige. Il se dit que c'étaient ses maudits malaises qui le reprenaient. Il s'en plaignait depuis longtemps déjà car ils surprenaient comme la foudre, le ravageant et le couvrant de sueur. Mais ils semblaient s'accélérer, envahir de plus en plus ses journées, provoquaient même des tétanies; il en revenait comme brisé et c'était alors un long retour à la vie; en souriant cyniquement, il appelait cela ses « retours de voyage ».

Il trouva Mary allongée languissamment sur le divan. Elle ne dormait pas, elle attendait. Les roses avaient commencé leur agonie. Fanées et déjà flétries, elles se penchaient et retombaient des vases. Il fut surpris, en entrant, de l'odeur douceâtre et presque écœurante qui se dégageait. Entre eux, il y avait une conspiration de silence. Ils ne parlaient ni de partir ni de rester. Ils s'étaient mis tous les deux dans une situation qui rendait impossible toute idée de retour. L'état de veille les rendait pâles et lascifs.

Il s'assit près d'elle, lui prit la main par-dessus le guéridon. Elle était douce et molle. Comme si elle ne s'appartenait plus. Il n'y avait rien à dire. Il fallait écouter d'autres rumeurs, visiter d'autres espaces. Quelque chose de doux passait entre eux. Il servit le thé. Elle en mouilla ses lèvres. Puis il s'approcha d'elle. Elle lui tendit ses bras. Ainsi assise, sa poitrine, forte déjà pour son âge, se tendit tout entière. En se courbant un peu, il l'embrassa longuement. C'était un baiser très lent, où leurs langues se mêlèrent et s'enroulèrent, où leurs salives chaudes s'échangèrent.

Il se mit à ses genoux, posa sa tête contre sa robe, ou sur ses genoux. Elle lui passa les mains dans ses cheveux. Très lentement. Plus rien ne se disait. Plus rien ne comptait. Dehors la nuit s'annonçait froide et dure pour les animaux. Il y en aurait qui mourraient sous les crocs de la neige, qui, vieux et malades, ne supporteraient pas les coups glacés de la neige et dont le pelage, dégarni, ne parviendrait pas à les protéger. Des plantes seraient paralysées par la neige et le givre, et on en retrouverait le matin, toutes molles et noircies, et dont les racines ne reprendraient pousses qu'au printemps. En bas, dans la maison, on bourrait les poêles de charbon et de bois. Les femmes de service tiraient les courtines de velours, calfeutraient les fenêtres et les portes. La langueur du prince et son silence propageaient dans la maison une sorte d'angoisse qui gagnait même les domestiques.

La même angoisse s'était emparée de Mitzi Kaspar quand Rodolphe l'avait quittée au petit matin du 28 janvier. Il l'avait rejointe dans son appartement viennois, au décor presque vulgaire, avec ces étoffes largement fleuries, ces coussins de velours, ces meubles laqués et peints de grosses roses pompons, et comme ils le faisaient depuis des années, ils s'étaient grisés de champagne français et puis l'amour enfin. Rodolphe aimait bien aller chez elle : elle représentait à ses yeux cette femme offerte d'un certain âge déjà, aux charmes pulpeux de courtisane, qui ne demandait rien d'autre que de le voir, pas même des cadeaux ou des promesses. Mais cette nuit-là, elle trouvait qu'il avait un comportement étrange. Il l'accablait de déclarations d'amour, lui faisait miroiter des fugues passionnées, se jetait à ses pieds avec une sorte de tendresse désespérée. La longue complicité de leurs corps, la lascivité de Mitzi, le lyrisme de Rodolphe tout se mêlait comme jamais cela ne leur était arrivé et Mitzi se disait qu'il y avait de l'effroi qui passait entre eux, quelque chose qui ne reviendrait plus comme avant. Rodolphe la quitta presque exalté disant qu'il la retrouverait plus tard, ailleurs, dans d'autres nuits. Mitzi ne comprenait rien à ses propos. Mais à son départ, elle eut peur comme si un étrange pressentiment l'habitait soudain.

La proximité de la mort provoquait chez Rodolphe des états opposés : tantôt euphorique, il se sentait soudain capable d'assumer quelque chose de grand et de courageux. Incapable de gouverner, prince fantoche, il allait enfin faire un acte réel dont l'histoire se souviendrait. Et cela le réjouissait intérieurement. Tantôt mélancolique, il diffusait comme une langueur funèbre, portait avec lui les stigmates de la mort, un masque qui déjà le signalait aux autres comme un étranger. Ses oreilles décollées, et surtout ce teint pâle, jaunâtre que les veilles, la détresse et les drogues avaient rendu encore plus terreux. Mais surtout cette agitation qui le saisissait et qui, quoique peu apparente, émanait de lui et effrayait.

Seule Mary comprenait maintenant Rodolphe. Elle était entièrement à lui et il y avait entre eux une tendresse infinie qui se faufilait comme un échange entre une mère et son fils. Car Mary cessait d'être soudain la maîtresse pour devenir ce que toutes les femmes deviennent à cet instant de l'amour, malgré elles et souvent même contre elles, la mère universelle qui protège son petit du monde, voulant que son amant pénètre en elle jusqu'à ce qu'il revienne, bienheureux, dans son ventre.

Jamais avec Stéphanie, Rodolphe n'avait ressenti la même douceur, ces coulées de bonheur l'envahir. Elles arrivaient par flots comme vient le plaisir. Des vagues énormes, inconnues, qui déferlaient dans les reins, envahissaient le corps entier, la tête. Mais il gardait au fond de lui une amertume : celle d'avoir approché cet état de paix qui le remplissait tout entier. Avait-il jamais connu cela avec Stéphanie toute préoccupée par les mondanités et les bonheurs petits-bourgeois ? Avait-il une seule fois porté leurs corps à ces états flottants où mène parfois l'amour, sur ce fil trop tendu où vibre le désir ?

Maintenant tout pouvait céder, l'empire entier, la dynastie, du moment qu'il avait décidé de quitter ce monde. Ce qu'il avait tant aimé, le pouvoir et son pays, cette soif inextinguible de bonheur, cette quête insatiable du plaisir, voilà qu'il ne les cherchait plus. La présence de Mary dans cet appareillage le rendait comme vierge, neuf.

Elle avait eu ce pouvoir de le ramener aux choses essentielles et lui avait donné le courage de continuer. Savait-il seulement comment la nuit allait s'achever ? Il ne se posait aucune question. Il sentait en lui cette force sourde et latente qui l'emmenait tranquillement vers ailleurs, cette marche sûre et fatale qui l'entraînait immanquablement, et dont il n'avait plus le contrôle. Tout était en place, il n'y avait plus qu'à attendre.

Il entendit Cobourg partir pour Vienne. Dans la cour, les chevaux hennissaient, le claquement de leurs sabots sur la neige durcie parvenait jusque dans leur chambre. Il crut aussi entendre la grille du domaine s'ouvrir en grinçant puis se refermer. A présent, Mayerling est au silence complet de la nuit et du froid.

Rodolphe sent au fond de lui-même ce que tous les Habsbourg ont toujours connu : cette immense solitude, vaste comme la mort et qui talonne. Il pense à sa mère, passant ses Noëls seule avec sa petite cour d'historiens et de poètes, à Madère ou ailleurs. A ses promenades effrénées dans les environs de la Quinta Vigia, aux lettres qu'elle lui envoyait : « Je te rapporterai des petits canaris et des bengalis aussi, des bleus, des rouges avec le col tout jaune » et Rudi l'attendait dans les grands couloirs glacés de la Hofburg, seul, toujours seul. Sissi vivait sa solitude comme une fatalité, elle se divertissait, certes, mais ce n'était que parade au mal d'être qui la rongeait. C'était cette mélancolie qui la tenaillait, mais elle ne se plaisait qu'à l'écouter comme elle pleurait aux accents de *la Traviata* qu'elle pianotait sur le petit orgue de Barbarie que François-Joseph lui avait fait parvenir. Et cela avait quelque chose de désespéré et de pathétique.

L'exercice du pouvoir avait comme décomposé cette famille. Chacun vivait sa mort au jour le jour et il y avait chez Sissi un sens si aigu du malheur qu'elle ne se sentait pas capable d'assumer celui des autres, fussent-ils ses propres enfants. Rodolphe, dès l'enfance, avait compris sa solitude, cette détresse qu'il devait traîner avec lui jusqu'à sa mort. Que lui importaient dès lors les petites guitares que Sissi lui rapportait de ses voyages ? Les animaux qu'on lui offrait ? C'était toujours un combat qui se menait et dont il savait qu'il en serait le vaincu. Il y avait quelque chose de paradoxal entre ce luxe et cet apparat dans lesquels il vivait et cette pauvreté intérieure, ce dénuement qui le menaient à se droguer et à vouloir s'établir dans la nuit. Seules quelques femmes l'avaient arraché à sa solitude, quelques caresses de Mitzi et maintenant de Mary, comme des aubes qui le lavaient.

Ainsi ce que disaient les poètes se vérifiait ! Tous ces paradoxes auxquels sa mère croyait étaient donc vrais ! L'amour, c'était la mort, la nuit, c'était le jour. Jamais il n'avait tant compris ce que pouvait signifier cette coulée dans la nuit : il la ressentait comme une libération, une délivrance. Finis les parades et les faux-semblants, les compliments et les sourires de circonstance, les rancœurs et les dépits cachés ! La mort s'imposait à lui et il sentait bien qu'elle se rapprochait pas à pas.

La fleur même du désir s'était émoussée. La dégradation de son état s'était accélérée depuis plusieurs mois déjà, on chuchotait à la cour qu'il ne tenait plus qu'avec de la morphine ; elle lui donnait des visions larges, épiques qui excédaient son père, habitué à gérer le pays de manière plutôt peu audacieuse.

Rodolphe, au contraire, pendant ses crises, développait des théories économiques et politiques grandioses et utopiques. Il exaltait ses passions, avec grandiloquence et excès. Ses liaisons amoureuses, tapageuses étaient une véritable offense à Stéphanie qui, toute gourde qu'elle était, n'acceptait guère ses débordements. Il y avait chez lui une soif d'amour, une quête donjuanesque qui ne s'étanchait jamais. On parlait de libertinage, de dévoiement, il n'en était rien en fait. Héros sans emploi, Rodolphe tuait le temps. Peu à peu sa charge lui pesa. Il avait l'intuition qu'il ne serait jamais empereur. Visionnaire, il sentait les choses tandis que son père les raisonnait. Il sentait le lent pourrissement de l'État, l'odeur âcre de la mort, et sous les lambris dorés des salles de fêtes, derrière les valses, derrière le jeu de la cour, il voyait leur sourd délabrement, les ruines des fins de siècles. Avec sa mère, il était de ceux qui pressentaient les désastres, les guerres, les effondrements. Il connaissait cette peur soudaine et fugace qui passe dans la tête, ce grand vacarme qui faisait basculer l'empire. Il ne pouvait se confier à personne. Car ivre de fête et aveugle, Vienne ne pourrait le comprendre.

Mary voulut encore boire du champagne. On lui en monta. Rudi, pour lui plaire, demanda à Bratfisch de venir chanter des chansons à boire qu'il connaissait et qu'il chantait, célèbre dans Vienne, en fouettant ses chevaux. Simple et même fruste, il était sans ambages, grand administrateur de ses plaisirs, doué d'une force terrienne, avec cela une bonhomie affable qui le rendait naturellement sympathique. Tout entier dévoué au prince, il incarnait à ses yeux cette force de vie qu'il sentait s'effilocher en lui, cette puissance qu'il n'avait plus. Rodolphe lui portait une confiance absolue. C'est qu'il savait lui procurer les femmes qu'il lui fallait. Bratfisch avait une intuition inégalée. C'étaient toujours des femmes simples, plutôt légères mais qui avaient aux yeux de Rodolphe ce qu'il cherchait en vain : la vie. Femmes sans histoire, elles se donnaient à lui sans discuter, sans états d'âme. Il y avait chez lui un débat intérieur où la mort et la vie se mélangeaient, qui l'empêchait de vivre, de jouir de la lumière, des douceurs de la campagne et des choses. Mary avait à ses yeux cette qualité : détenir la vie, il l'avait senti à cette façon particulière qu'elle avait de humer l'air de Vienne de son petit nez retroussé, de pencher la tête dans un bouquet de fleurs, de le respirer pleinement, de l'embrasser aussi. Il lui avait demandé souvent de lui raconter son enfance, mais Mary ne savait pas raconter. Elle n'avait pas de ces déchirements, de ces désordres intérieurs qui le rendaient si malade.

Maintenant, tout se passait comme si Mayerling avait suscité le malheur. Mary se souvenait des poésies qu'elle se récitait jeune fille, et commençait à penser que cela pourrait bien lui arriver. Mayerling portait avec lui une tragédie qui se déroulait tranquillement. Bratfisch accepta de chanter quelques romances à la mode. Il s'installa contre le guéridon, et tantôt sifflant, tantôt chantant, il resta jusque très tard dans la nuit. C'étaient des airs populaires, très gais, de ceux qu'on chante à Vienne, dans la chaude ambiance des tavernes ou dans les bistrots des faubourgs. Il était question d'amourettes, de promesses, d'amour et de toujours, des jolies promenades dans les forêts des alentours, des gars un peu lestes qui troussaient les filles, du mal d'amour vite consolé dans les bras d'un autre. Et encore revenaient la valse des amours, l'éternelle complainte des hommes, la tendre consolation des bras et des caresses.

Bratfisch se souvenait de ce qui se fredonnait dans les rues de Vienne : des valses douces et savoureuses de Lanner avec tierce-sanglot : « Me permettez-vous, jolie demoiselle ?... D'un bond, belle dame, je vous enlève... » et celles de Strauss aussi, sensuelles, chargées du désir d'aimer, lourdes des plaisirs de la chair, et Mary battait la mesure de ses doigts très fins. Ils buvaient beaucoup de champagne et une grande complicité régnait entre eux. Bratfisch, entre deux airs, faisait l'amuseur, racontait des histoires, celles qui se disent au Prater entre les stands de tir et des manèges. Les chandelles faisaient flotter des ombres sur les murs, rendaient les roses étranges, presque fantastiques. Elles projetaient leurs silhouettes sur les tentures, sur les soieries des murs et devenaient énormes : il y avait aussi des coins d'ombre où semblait tapie et aux aguets, la mort.

Car à Vienne, tout se jouait entre l'ombre et la lumière. Aux instants de gaieté se joignaient ceux de la mélancolie. Parce que, justement, ce que l'on ne vivait n'était qu'instants éphémères et l'on ne vivait que dans l'illusion des choses, instable et douloureux devant ce qui se fuyait et que nul ne pouvait rattraper. De sorte que les moments de bonheur semblaient immanquablement basculer dans une langueur douloureuse qui semblait n'avoir pas de fond. Et plus Bratfisch chantait, plus la gaieté laissait place à une angoisse caressante qui s'insinuait et laissait entrer la nuit. Elle s'infiltrait malgré les chants du peuple, occupait la chambre à mesure que les chandelles s'essoufflaient. Mary ne voyait plus très bien les quelques gravures appliquées aux murs, les bouquets de roses regagnaient leur propre nuit, leur propre silence de roses. La chaleur provoquée par l'émotion, l'alcool et le poêle alourdissait l'atmosphère de la pièce, la nimbait tout entière.

En elle aussi se faisait la nuit. Elle faisait irruption comme elle avait pu l'observer dans la campagne aux alentours de Vienne, ou dans la ville même, insidieusement, perfidement. Soudain, l'ombre n'était plus la même sur la touffe d'arbres ou bien l'éclairait de manière plus terne lui enlevant le vif éclat de ses feuilles, l'alourdissant d'un secret dont elle ne voulait peut-être pas. Elle avait souvent entendu parler à propos des morts qu'ils « avaient passé ». Jusque-là, cette expression ne lui avait rien laissé imaginer ou plutôt un effroi qu'elle avait vite rejeté. Elle commençait à comprendre la lente histoire de ce passage, ce trajet du jour et de la nuit, et elle se prenait à la préférer à la grande cruauté de la lumière, aux évidences trop crues du jour, cette nuit aux douceurs tranquilles, aux teintes apaisées.

Déjà, rideaux fermés, elle avait veillé dans la pénombre le jour entier, refusant l'éclat brûlant de la neige, la forêt sertie de blanc. Il ne s'agissait plus que de continuer. Avancer dans l'obscurité, marcher à pas menus vers ce gouffre inconnu dont elle n'avait des échos que des poètes qui, eux aussi, revenaient de leurs longues nuits. Elle ne s'était pas imaginé que cela fût en fait si facile. Il s'agissait de s'accoutumer à d'autres lueurs et la vision d'aveugle devenait soudain frémissante et lumineuse. Où donc l'entraînait Rudi ? Pensait-elle même que ce fût la mort ? Elle ignorait tout de ses projets. Elle allait. Elle avait de l'amour cette notion entière et absolue qu'on lit aussi dans les vies des saints et qui fait fi de toutes les richesses et de tous les pouvoirs.

Elle allait comme une petite sainte de l'Église, sans bruit, presque à la dérobée.

Le don qu'elle faisait d'elle-même l'avait complètement transfigurée. L'âpreté de la famille Vetsera à se hisser au rang des grands, la vulgarité qu'elle y mettait même quelquefois ne l'avaient guère préparée à ennoblir son âme. Dans une ville où la morale sociale pesait d'un poids considérable sur les jeunes filles, Mary avait bénéficié d'une certaine liberté. Sa mère, la baronne Vetsera, l'avait souvent incitée à flatter sa coquetterie, à exploiter son pouvoir naturel de séduction, à la différence des autres jeunes filles de la haute société qui étaient élevées dans une rigueur austère, dans l'ignorance et la haine du sexe, toujours occupées à mille activités charitables qui les détournaient de pensées dangereuses qui pouvaient soudain les assaillir.

L'arrivisme brutal des Vetsera, leur style de vie anticonformiste et parvenu ne prédisposaient pas Mary à la situation insolite de Mayerling. Soudain projetée dans le huis clos de la forêt viennoise, loin des promenades en calèche et des leçons de musique, elle avait puisé au fond d'elle-même, comme une lumière inconnue d'elle, qui l'illuminait et la faisait rayonner. Elle avait abandonné en vingt-quatre heures les parades de Vienne, tous les codes de la séduction, toutes les feintes de l'amour, résolument tournée vers Rodolphe.

Elle se sentait pareille à cette forêt qui l'entourait confusément. Malgré l'isolement volontaire dans lequel elle s'était confinée, elle sentait l'ardeur du froid passer entre les branches, soulever les mousses du sol, pénétrer le pelage des bêtes et, pareille à la forêt qui, chaque nuit, s'offrait au vent glacial, au souffle pur de la neige, elle soupçonnait que ces nuits de Mayerling étaient comme une purification, quelque chose de fort et de violent qui la lavait de tout ce qui avait précédé et dont elle ne se reconnaissait plus. Chaque seconde qui passait la coupait irrésistiblement de son monde, elle ne serait plus la même dorénavant, elle avait pris conscience du poids de la nuit, des forces secrètes qui la travaillaient en sous-main, des états étranges de veille quand dehors chaque chose dort et pèse de son poids lourd de sommeil, loin, très loin des tourbillons de Vienne, de ces musiques fiévreuses et sautillantes, de cette rage de se montrer au grand jour ou sous les feux des grands lustres, qu'importe pourvu que tout se sache et soit dit. Elle apprenait dans le silence de cette nuit le secret des mots, la part muette de l'amour, celle qui ne se donne qu'avec parcimonie, comme le blé l'hiver qui germine sous la neige, et la perce lentement en crevant l'éteule.

Dans la chambre, elle écoute le temps qui passe. Elle est allongée, presque lascivement, comme ces femmes orientales qu'elle a vues sur les gravures, lourdes et qui n'attendent rien. Il n'y a pas d'agitation en elle. C'est une paix qui s'installe. Doucement. Elle éprouve au fond d'elle-même une disponibilité qui la rend poreuse aux mondes infinis, elle se sent traversée mais sans qu'elle en soit blessée, d'autres paroles, d'autres paysages. Précisément, la pendule scande le temps qui passe. Sa régularité presque diabolique installe entre elle et le monde alentour une distance irréversible. A Vienne, elle s'en aperçoit maintenant, elle n'avait jamais pris le temps de l'entendre justement. Le son des carillons et des jaquemarts se mêlait aux tresses des valses, au brouhaha de la ville dispendieuse, à la rumeur des courtisans frivoles. Il n'était qu'un bruit parmi d'autres, qui se confondait dans la ville. Ici, le temps retrouvait sa vraie dimension, il poursuivait sa marche aveugle vers l'éternité et, intraitable, marquait les secondes, les minutes et les heures, prenait avec lui, bon gré mal gré, cette humanité fragile et esclave; à Vienne, Mary n'en faisait pas cas. Les grandes interrogations métaphysiques ne la préoccupaient pas, quoiqu'elle lût toujours avec passion les poètes mais elle sentait maintenant combien le temps la possédait soudain. Et avec ce fatalisme oriental qu'elle tenait de sa mère, elle acceptait son empire.

Rodolphe, pendant ce temps, écrivait. Le crissement de la plume sur le papier ne gênait pas le silence, mais l'entretenait plutôt. Il se confondait avec le tic-tac de la pendule et le bruissement sec du givre sur les fenêtres. Ils ne cherchent pas à se parler. Leur complicité est dans le silence. La torpeur du lieu les empêche même de discourir. Le temps seul s'active et les prend en charge.

Mary songe à ce qu'elle laisse derrière elle. Elle trouve soudain dérisoire cet acharnement qu'ont les hommes à vivre. Il y a un calme et une lucidité chez elle, si jeune, qui la transforment. Elle quitte doucement le monde et elle est même surprise d'en être si peu fâchée. Le passage est doux, presque familier. C'est comme si des gestes anciens qu'elle aurait oubliés revenaient sans peine. C'est donc cela peut-être le bonheur. A trop rêver, la baronne Vetsera avait essayé de lui inculquer des désirs plus matériels et affirmait que le bonheur passait par cette société bien policée où elle s'escrimait à pénétrer. Le bonheur, c'était cette intimité sans désir, Rudi était là, avec elle, le monde entier n'existait pas, les fenêtres étaient cachées par les tentures, et plus rien ne comptait.

Plus de rendez-vous, plus de cérémonies, plus de paraître. Un bonheur nu.

La clandestinité même de Mayerling les rapprochait de ces groupuscules révolutionnaires et subversifs qui se réunissaient dans les caves de Vienne. L'exemplarité morale et sans tache de l'empereur ne pouvait faire soupçonner son fils. Et pourtant Rodolphe et Mary étaient comme ces jeunes Viennois, intellectuels et sensibles qui se révoltaient contre cet État vieillard, ce conformisme bourgeois. Même lutte, même violence. Soudain, l'amour devenait farouche, plus rien à voir avec les codes sociaux que cette société infligeait aux jeunes, plus rien de ce monde compassé et figé qui se mourait. Rodolphe et Mary éprouvaient les incertitudes du moi, des intermittences douloureuses qui altéraient leur foi et les détruisaient. C'était cette bonne conscience qu'ils refusaient, cet amour bien poli par les convenances et les règles.

Mary sait maintenant qu'elle doit passer par la mort. Elle quitte le grand lit pour le secrétaire d'acajou, prend du papier et griffonne quelques lettres. Il n'y a plus d'exaltation : elle écrit de sa petite écriture d'écolière, bien appliquée. Ce sont là ses derniers devoirs de femme. Après, elle se donnera encore à l'amour. Donc à la mort. Elle jouira de Rudi, elle connaîtra encore une fois cet éclair fulgurant qui anéantit, celui qui fait qu'elle ne saura plus si elle est ou pas. Elle perdra conscience jusqu'à penser rencontrer à ce moment précis, la mort et au lieu que tout recommence, elle sait qu'elle partira à jamais. Elle trouve cela plutôt facile.

« Ma chère Maman, à l'heure où je t'écris, je sais que tu t'inquiètes. Tu ne sais où je suis, mais tu te doutes. Le prince m'a emmenée avec lui; ici, à Mayerling, c'est comme une arche silencieuse où j'embarque. Il n'y a rien de ce que nous connaissons à Vienne. Comment pourrais-je y revenir quand il m'est donné de connaître tant d'amour? Je voudrais que tu comprennes ce que c'est que d'aimer à ce point. Mais il n'y a pas de mots pour le dire. Un calme béni est tombé à Mayerling. Je n'en connais ni les bois ni les jardins. Mais tout ici est différent de Vienne. Une respiration nouvelle les anime et leur souffle bienfaisant vient jusqu'à nous.

« Il faut que tu me pardonnes. J'ai besoin de savoir là-bas que tu me protèges et que tes pensées viennent vers moi comme des caresses. Je n'étais pas heureuse à Vienne : j'ai trouvé ici tout ce que je cherchais. Veille, je t'en supplie, à ce que nous soyons enterrés côte à côte, Rodolphe et moi. Le petit cimetière d'Alland nous convient très bien. Il faut absolument que tu parviennes à nous réunir. Comment pourrais-je concevoir la solitude du temps, son immobilité féroce, si je ne savais que Rudi veille à côté de moi ?

« Il y a des jours où l'éternité se manifeste une seconde, le temps seulement d'y croire et d'en rêver, malheureux de l'avoir entrevue. En ce moment, elle se donne entièrement. C'est une paix qui tombe comme le soir. Tranquillement, sans éclats. Ne crains pas pour moi, je pars la première. Je suis très heureuse, très curieuse de voir l'autre côté du monde. Et puis, après tant de bonheur et de joie, comment pourrais-je survivre ? Ma chère Maman, pardonne-moi encore. Je t'embrasse et te serre dans mes bras. Comme autrefois, quand j'étais toute petite, il n'y a pas si longtemps. Ta Mary. »

Calmement, elle prend une autre feuille de papier, écrit en tête :

« Ma chère et douce Hannah, je suis partie de Vienne pour n'en plus revenir. Tu es ma sœur, et tu sais comme j'ai recherché l'amour, le vrai, celui qu'on lit dans les livres. Je l'ai enfin trouvé. Mais l'amour est exigeant. Sitôt l'a-t-on approché qu'il te prend tout entière et ne te lâche plus. Mais il faut tout faire cependant pour s'en approcher. Ne crois que toi, ne pense que ce que tu ressens au fond de toi-même, et sache encore une fois que lorsque l'amour se donne à toi, il faut partir avec lui. Je suis trop heureuse pour le quitter. Il s'enfonce dans des mondes que je ne connais pas encore, mais que je soupçonne. Je le suis donc. Pense à moi de temps à autre. Il paraît que cela aide les âmes à être en paix. Et tu sais que je laisse le mépris et le scandale derrière moi. J'aurai bien besoin de tes pensées. N'oublie pas de déposer sur ma tombe quelques fleurs. Des roses. Toujours des roses.

« Ne crois pas un seul instant que je sois triste. C'est délivrée d'un grand poids que je m'en vais. Mais je suis sûre qu'il me faut partir. Tu connaîtras, j'espère, cet appel. Il vient de très loin. Nul n'y peut résister. Je pars joyeuse et heureuse. Veille sur Maman. Elle sera si désespérée. Je t'embrasse. Ta sœur Mary. »

Enfin, le dernier mot pour son petit frère :

« Je pars loin, tu ne me verras plus, mais il faut que tu saches que je te protégerai de là-haut. Je me souviendrai toujours de toi, même lorsque tu me taquinais. Je t'aime beaucoup, mais je dois partir. Ne m'en veux pas. Ta sœur dévouée, Mary. »

Il devait être très tard dans la nuit. C'est à son silence si lourd qu'on peut quelquefois reconnaître son heure. Quand elle prend pleinement confiance en elle-même, elle occupe alors la place, le moindre bruit, le plus léger effleurement résonne en se démultipliant, semble vivre d'une vie autonome, insidieuse. Cette nuit, c'est le rassemblement de toutes les nuits et de tous les jours, le point le plus tendu de vie, le moment sans que rien ne se dise, où les forces de la vie vivent le plus, où rien de ce qui n'est essentiel ne se décèle, le moment de vérité.

Dans son jeté en soie pâle, Mary rejoint le lit. Intuitivement, elle le considère comme le seul lieu dorénavant possible. Le lieu de l'amour et de la mort puisqu'elle a appris qu'ils étaient une même et unique chose. Le frôlement de la soie sur sa peau soulève des frémissements, comme des froissements de feuilles légères bercées par la brise. Rudi la rejoint. Il lui enlève son déshabillé. Elle apparaît nue, la poitrine lourde; la tenir dans ses mains, c'est tenter de connaître le mystère qui y gît, ce réseau de nerfs et de veines où se fait la vie. La tenir dans ses mains, c'est revenir aux gestes anciens de l'enfance, redevenir le petit Rudi qui geignait dans les bras de sa nourrice, en agrippant ses seins, dans les jardins de Laxembourg.

Même certitude quand Mary caresse le sexe de Rudi. Même secret qui veille dans la chaleur moite du désir. Même ailleurs qu'on commence à explorer par la chair.

L'ardeur de Mary à aimer est immense ce soir. De la violence passe entre eux, comme pour prendre et retenir à la fois cette sève qui sauve et nourrit. On dirait que chacun se grandit dans l'autre, libère des forces d'expansion inouïes, arrache le meilleur de lui-même pour le donner. Dans le grand silence qui se crée, il y a des bruits qui ressemblent à ceux de la nature quand elle est prodigue de ses forces. Dans ces caresses brutales où s'expriment leurs corps, on croirait entendre les grands mouvements du ciel et de la terre, les passages des nuages quand ils sont poussés par le vent, les claquements soyeux des ailes d'oiseaux qui filent en bandes, les froissements des feuilles ou le bourgeonnement des tiges.

Jamais leurs caresses n'avaient atteint une telle fusion. Sans parler, ils échangeaient leurs corps, et soudain, ne savaient plus des deux qui était Rudi ou bien Mary, c'était quelque chose qui faisait penser à la création du monde, aux grands bouleversements terrestres, au déluge, aux tempêtes furieuses. Il s'y mêlait de la colère et de la rage, de cette colère antique qu'ont les hommes parfois quand ils renouent avec leurs forces les plus cachées, et cependant de la tendresse se glissait entre leurs corps, les rendait harmonieux. Plus rien ne comptait que cette île qu'ils formaient à eux deux. Vienne, l'empire, les nations qui s'y agrégeaient, la cour, tout n'avait que l'importance des poussières, tout n'était que vanité. Il y avait Mary et il y avait Rudi, et à eux seuls, ils faisaient marcher le monde, et il fonctionnait, se répandait jusque dans les espaces interstellaires où Mary semblait être emmenée et ce monde éclairait d'autres mondes, plus lumineux, plus vastes, infinis et solitaires où ils voulaient aller. Qu'importait le trône désormais, puisque l'amour maintenant les comblait ? Il semblait que la présence de Mary avait comme converti Rodolphe. Il avait cru utiliser la petite Vetsera pour plus de sûreté. L'entraîner dans la mort le forcerait ainsi à en finir. Mais voici qu'il se prenait au jeu de l'amour. Elle lui paraissait soudain bouleversante, cette petite Mary, à peine sortie de l'enfance, et déjà si grave, si prête à mourir d'amour. Mary lui donnait la main pour mourir. Le rendait grand, le réhabilitait aux yeux du monde, et c'était comme une purification, un baptême qu'elle lui offrait. Après l'amour, quand ils furent rincés de leurs propres eaux, Rodolphe resta enlacé à Mary. Ils ne pouvaient se séparer de nouveau, et l'étreinte moite ressemblait aux gestes naïfs et apeurés de l'enfance. Jamais Mary n'avait connu avec tant de précision cet état du plein, ce chaud en elle et autour d'elle, et rien en elle ne réclamait plus.

Une dernière chandelle finissait de brûler. La cire coulait sur le bougeoir, faisait des stalactites. Les roses agonisaient de mourir et leurs pétales tombaient un à un sur la table, sur la commode.

Malgré le froid, dehors, comme font les humains, les bêtes se calent les unes contre les autres, pressent la paille et le duvet de leurs nids et dorment. Quelquefois, Mary croit entendre quelques chansons vite étouffées. C'est sûrement Bratfisch qui continue son récital auprès de Mall en bas et la fait rire par ses sifflets en imitant les oiseaux de la forêt.

Mais les chahuts d'en bas n'empêchent pas Mary de s'enfoncer dans le sommeil. Attachée à Rudi, elle coule dans la nuit, s'abandonne à son destin. La torpeur du lieu lui a enlevé toutes ses forces. Elle consent à mourir mais pleine de Rudi, sûre de le suivre partout. Rodolphe, lui, n'arrive pas à trouver le sommeil. Agité, il remue dans sa tête ses échecs et ses colères rentrées. Il est donc venu le moment de partir, celui, sans témoin, où il devra trouver le courage qui lui a toujours failli, prendre son arme, celle-là même qui avait abattu les bêtes dans la forêt, petite arme capable d'engendrer la mort, de projeter à l'intérieur du corps une multitude de petites parcelles de fer et d'éteindre cette force de vie, de permettre de découvrir d'autres espaces inconnus.

Lentement, il détache son bras de ceux de Mary, se dégage d'elle en tâchant de ne pas la réveiller, remet en place le drap, le couvre comme il allait quelquefois border se petite Elizabeth en cachette, rejoint sa table de travail. Un silence lourd pèse sur la chambre. La braise, ardente, fait rougeoyer l'âtre, diffuse une lueur étrange, presque magique. Le voilà à présent seul face à lui-même. Il faut avancer, ne pas céder, gagner sur ce temps qui galope comme une bête affolée, gagner l'immobilité des pierres et des montagnes, cesser de jouer à ce jeu pour lequel il ne s'est jamais senti fait, briser le rythme haletant des jours qui succèdent à d'autres jours, des saisons à d'autres saisons sans qu'il y trouve, lui, son compte, fuir cette compétition terrible et forcenée, cet empire dont il a l'héritage et qui s'écroule lentement, se fissure déjà, sent la mort. Alors la devancer, prévenir le grand cataclysme ou le précipiter. Tout se bouscule dans sa tête, il caresse la crosse de bois dur; machinalement, derrière lui, Mary, innocente, qu'il a traînée dans cette expédition, et qu'il respecte parce qu'elle ne demande rien mais se donne entièrement.

Elle porte sur elle la grâce alanguie des Levantines, cette sorte de tranquille assurance qu'ont souvent les femmes comblées et en même temps cette fragilité des poupées nacrées que fabriquent les manufactures autour de Vienne. Rudi hésite : ce sera donc lui qui entraînera Mary dans les épaisseurs obscures de la mort ? Ce sera lui qui l'aidera à transformer ce joli visage en ce cadavre osseux qui le hante ? Il ne suffira que d'appuyer sur la gâchette et laisser partir le coup vers la tendresse de son regard endormi pour qu'il s'efface et s'évanouisse dans des méandres inconnus ? Plus jamais de cette coquette attention à se parer, plus jamais de ces ruses pour séduire, plus jamais autour d'elle ces étoffes soyeuses et graciles qui font un bruit léger comme le vent quand elle se meut ? Mais par ailleurs comment avoir le courage de partir ? Il a peur de cette lâcheté qui le tenaille, des bassesses dont il se sait capable. Cette fois-ci, il faut aller, ressembler au grand cerf blanc qu'il avait abattu autrefois et qui, avec fierté, sachant la partie perdue, s'était retourné, avait interrompu sa course et avait affronté la dague et le pistolet. Il se souvient maintenant de l'ultime regard du cerf, de ses yeux si tendres où toute la vie était contenue, yeux non suppliants mais ardents et appelants, dernière quête avant le grand vide de la mort.

Oui, ces yeux le hantent, l'obsèdent tout à coup, ils reviennent, envahissant son propre regard, il se rappelle la malédiction, celle-là même qu'il se cachait et qu'il enfouissait au plus profond de lui et voici qu'elle resurgissait, plus présente que jamais. Était-ce donc cela la fatalité des Wittelsbach et des Habsbourg, cette certitude qu'aucune mort ne vient à son terme normal, mais suscitée toujours par des éléments extérieurs qu'ils ne peuvent jamais prévenir ?

Il se souvient encore de la prédiction de sa mère : « Nous mourrons tous de mort violente », qu'elle se plaisait à dire, de l'effroi dans ses yeux, impuissante à conjurer le destin. Il a devant lui l'encrier de bronze doré décoré d'une aigle impériale enserrant un globe dans ses griffes. Il le presse entre ses doigts, il voudrait le broyer, mais il sent contre lui tant de forces contraires et hostiles.

Il sait ce qu'elle ne sait pas : la laideur du monde, l'âpreté des hommes à vivre et la méchanceté qu'ils portent sur leur visage, il connaît cette pierre noire et si dure qu'il a en lui, ces barrières qui l'empêchent d'avancer, l'impuissance de vivre, d'admirer, de pratiquer la ferveur, de jouir de la nature et de ses bonheurs, il ne peut pas prendre le temps comme il vient, éprouver les petites joies simples, car il souffre de cette hérédité sourde et tragique qui lui fait mal dans tout le corps. Elle, au contraire, jouit des jours et de leur lumière, rit à la vie quand il y a bal à la cour ou qu'on joue les Italiens à l'Opéra, cache son visage rieur derrière son éventail dans les allées du Prater, a le cœur qui bondit quand elle est amoureuse. Elle est joyeuse, et défie les limites du jour. Rodolphe est conscient que ce n'est pas le même destin qui les lie. Mary va jusqu'au bout de l'amour, dans ses confins les plus dangereux, elle est curieuse d'en découvrir les limites; lui, c'est la vieille Dame blanche qui l'y oblige. Elle veille sans cesse derrière lui; maintenant elle a fini de jouer, elle attend son dû. Il faut partir.

Le piège qu'elle a tendu ne peut se dénouer que par la mort. Tout est trop tendu, tissé trop fin pour revenir en arrière, reprendre l'étroite route d'Alland, encombrée de neige et bordée de sapins, et retrouver les couloirs de la Hofburg, tout le manège de l'étiquette, les roueries des affaires, le jeu usé des amours de passage. Pourquoi hésiter? Pourquoi sa main tremble-t-elle encore un peu en prenant le pistolet? Quel geste irrémédiable va-t-il maintenant faire à la face du monde? Il se retourne vers Mary. Elle dort. Sa respiration, à peine décelable, soulève lentement sa poitrine. Régulière, elle ne manifeste aucune peur. Il contemple un instant son visage. Ses cheveux défaits le bordent amoureusement.

Il a froid et il a peur. Il a perdu cette belle assurance qu'un temps, Mary lui avait donnée; il est seul, il retrouve sa vieille solitude, celle qu'il traînait dans les couloirs du palais, dans les cérémonies officielles, dans les maisons de plaisir, dans les chasses terribles. De la peur goutte de son front. Il sait pour y avoir pensé souvent qu'il ne faut pas réfléchir, que cela doit être facile de tirer, mais que c'est donné en une minute seulement, une minute où le temps s'arrête de couler, où la conscience s'évanouit, une minute absente, loin de tous les repères, et là seulement se puise le courage de tirer, de défier le bel ordre du monde, de changer les donnes du jeu.

Elle est là, la minute, tapie derrière lui, qui lui donne la force d'avancer, de se plier aux ordres de son destin. Elle le pousse comme une mère, lui dit des choses douces au creux de l'oreille, le raffermit, le flatte et le pousse doucement. Il s'avance donc. Du bureau au lit, il y a peu de pas. Peu de pas que Mary avait franchis tout à l'heure pour s'abandonner dans les bras de Rodolphe et que maintenant, il accomplit le pistolet serré dans sa main droite. Il regarde autour de lui. Les bouquets de roses blanches sont tous recourbés, piquent du nez, accablés de chaleur et d'émotion. Les chandelles finissantes jettent des ombres falotes sur les murs. Des chiens au loin aboient furieusement. Quel rôdeur passe dans les bois pour tant les affoler? La police impériale serait-elle déjà là? Aurait-elle forcé la clôture?

La minute fatale, il l'avait lu dans les livres des poètes, rassemble une vie entière. Y défilent tous les événements majeurs de son existence, les êtres qui ont compté, les bons comme les méchants, les échecs et les réussites de toute la vie antérieure. Ils se bousculent dans sa tête, et la figure de son père, intraitable et butée, qui ne cesse de le suspecter, de se défier de lui. Ainsi dans la nuit de Mayerling, parlera-t-on enfin de Rodolphe? On saura pour les générations à venir la douleur de Rodolphe, sa mise à l'écart, et le galop des valses de Strauss s'arrêtera enfin pour laisser la place aux blessures des symphonies de Mahler, aux désespoirs de Bruckner.

A quelles errances nouvelles condamnera-t-il sa mère? Il aurait voulu la revoir. La prendre par sa taille si fine, la voir, malgré son âge, glisser vaporeuse dans ses robes de tulle le long des couloirs de la Hofburg, lui parler enfin comme il imagine que l'on parle à une mère. Mais la nuit de Mayerling plombe ses rêves. Il n'est plus temps de retenir le temps. Pour surseoir encore au destin, il voudrait se souvenir de l'enfance, des jours heureux de

Laxembourg, des voyages qu'il avait faits, des premiers baisers avec Mary. Il a peur de cette minute qui vient. Il sait qu'elle sera très courte. Ses migraines le reprennent. Elles tapent dans sa tête, contre ses tempes, au fond de ses yeux. Il faut en finir. En finir.

Résolument, il avance vers le lit. Mary dort toujours profondément. Elle sait que désormais tout la lie à Rodolphe. Elle est prête après le grand jour à connaître avec lui la marche sombre dans la nuit. Lui, approche son pistolet de sa tempe. Sa main hésite encore, et tremble à cause de la fièvre qu'il a en lui. Il appuie sur la gâchette. Le coup part. Détone dans le silence.

La nuit s'abat dans la chambre.

Brutalement, il prend l'oreiller, couvre le visage de Mary. Il ne veut pas la voir. Il ne veut pas voir son sang s'étaler sur le lit, gagner les draps blancs, rougir la chemise de soie, se coller à ses cheveux. Il met l'oreiller sur elle comme autrefois il étouffait de son mouchoir les petits oiseaux de Laxembourg. Et il appuyait pour ne pas les voir, après, palpiter encore. Il gémit. Sa tête hurle à l'intérieur. Bientôt ce sera son tour, ce sera à lui de se coucher sur le lit, et de sentir contre sa tempe le froid contact de l'acier.

Bratfisch en bas a entendu le coup dans la nuit. Il se dresse sur son lit. Essaie de capter le moindre bruit suspect. Mais Mayerling est rendu à sa propre nuit. Le silence de nouveau installé absorbe le château. « Un chasseur isolé, un braconnier », se dit-il en se recouchant.

Deux heures du matin. Peut-être trois. Rodolphe sait qu'il s'est donné les moyens de ne plus vivre. Mary morte, il doit emboîter le pas de la mort. Il revient à sa table de travail. Écrit une lettre à Szögyenyi, son homme de confiance. Il lui dit encore une fois les raisons qu'il a de mourir. Mais c'est à lui-même qu'il les écrit. Acculé à mourir, il force son destin. Il ne peut plus supporter cette inertie à laquelle il est soumis. C'est ce qu'il explique à Sissi, sa mère.

« J'ai commis, ma chère mère, l'irréparable. Je n'ai plus le droit de vivre. Je le sais depuis longtemps déjà et me suis donné trop de raisons pour feindre de l'oublier. J'aurais tant voulu vous connaître. Je savais par les autres combien vous êtes bonne et pleine d'imagination. Mais nous avons été sacrifiés à l'État. Pardonnez-moi cet acte. Je le fais parce que rien ne pourra jamais me satisfaire. Je n'ai ni le courage ni la force de gouverner. Je sens que l'héritage des Habsbourg est en train de s'écrouler. Il donne déjà des signes de détresse. A l'aube du siècle nouveau, des événements imprévisibles surgiront, nous n'y serons pas préparés. Gardez-vous, ma chère mère. Faites que Mary dorme près de moi. Pensez quelquefois à votre fils avec indulgence car il vous aime. Rodolphe. »

Il prend un verre de tokay, ce fameux vin que ses amis hongrois lui avaient offert. L'alcool brûle l'œsophage. Descend lentement en lui. En allant à la fenêtre, il passe devant le corps de Mary. Une large tache de sang envahit la taie de l'oreiller. Il détourne le regard, pousse un rideau, scrute la nuit épaisse. Rien ne se laisse discerner. Pas la moindre lueur de l'aube naissante, pas le moindre petit reflet du jour qui viendrait éclairer furtivement le toit d'ardoises du pavillon d'en face, ou bien la touffe d'arbres qui longe les bâtiments. Pas la moindre étoile qui viendrait donner quelque espoir, faire quelque clin d'œil.

Il prend alors des bouquets de roses, les pose sur le lit, recouvre le corps de Mary des centaines de fleurs qu'il avait fait amener. L'oreiller ensanglanté est de nouveau tout blanc. Il pose partout des roses. Borde son corps, le frange de pétales, dispose amoureusement les fleurs tout autour de lui afin qu'il ne soit qu'une vallée de roses.

Disposer des roses blanches sur son corps, c'est encore une manière de rogner de la lumière à la nuit, de trouver du jour qui tarde à se lever, de conquérir de nouvelles aubes.

Mary le réconcilie avec le sacré, avec ces choses

indicibles auxquelles il ne prêtait jusqu'alors attention, parce qu'elles étaient colportées par des prélats vaniteux qu'il méprisait, et dont il savait intuitivement qu'ils mentaient et ne vivaient pas ce qu'ils enseignaient. Le corps de Mary mort, c'était l'autre visage du monde qui entrait dans cette chambre, et à le regarder, il y trouvait de l'effroi et de cette curiosité dont ils avaient tant parlé et il disait doucement à Mary : « Mais parle-moi, dis quelque chose, Mary, petite Mary, bientôt je vais te rejoindre. Prépare-moi le chemin, fais que j'avance sans trébucher, sans avoir trop peur de la nuit. Dis-moi ce que tu vois, comment c'est là-bas. » Et devant l'impassibilité de son corps, il se prend à frissonner, à reculer devant sa bouche figée à demi ouverte que des pétales cachent.

Enfermé entre les quatre murs de cette chambre, il semble qu'il étouffe, cependant, et c'est encore une fois comme à Vienne ou ailleurs quand il se cognait à cette incompréhension qui l'a entraîné ici même, il bute contre des paysages murés, et maintenant contre cette nuit qui n'en finit pas d'allonger sa durée, de prendre à la vie les jeux de la lumière, les miroitements du jour sur les plantes et la glace, sur le monde qui s'exprime doucement.

Il se souvient de ce petit ouvrage du poète Jean-Paul qu'il avait lu si attentivement ces temps derniers, *l'Avocat Siebenkas*. Comme lui, Siebenkas luttait contre des principes éloignés de ses propres goûts. Comme lui, il avait épousé une femme sans l'aimer, sans connaître et goûter cette complicité qui faisait à ses yeux le vrai couple, il était tombé amoureux d'une jolie jeune fille, il avait décidé de simuler la mort et de s'enfuir. Mais Rodolphe ne voyait pas d'issue comparable. Il optait plutôt pour le grand et définitif départ, pour cette route noire qui l'assurait de ne jamais revenir sur ses pas.

Il voulait rompre avec cette tyrannie de la vie qui l'obligeait à des gestes dont il ne sentait pas l'absolue nécessité ou encore à obéir à ces flux héréditaires dont il se savait traversé et qui le poussaient à se détruire, à se risquer toujours comme s'il ne s'appartenait plus mais répondait à des appels impérieux.

Acculé à la mort, il se devait de l'appeler. Mais la Dame blanche est cruelle chez les Habsbourg! Elle vient quand on l'appelle et quelquefois son cynisme dépasse tout. Elle tend elle-même la main et rend l'initiative à sa proie. C'est lui maintenant l'animal débouté au creux des fossés, aux lisières des bois, aux confins des territoires. Son calcul avait été de tuer d'abord Mary pour avoir plus de chance encore de ne pas lui échapper. Il n'y a pour l'heure chez lui aucune panique, mais une immense détresse qui le parcourt tout entier. Il va à un miroir. Il lui découvre un visage à bout de traits, au teint blafard que renchérit la lueur pâlotte des chandelles, ses yeux inquiets et mobiles semblent traqués, roulent d'un bout de la pièce à l'autre à faire peur, son air hébété lui rappelle sa vérole de 1886 où il avait bien senti l'étrangeté qu'il dégageait, cet air bizarre qui dérangeait les gens de la cour, cet effroi qui passait dans leurs regards. Tout l'air de Lacroma aurait dû venir à bout de cet état, et redonner de la couleur, de l'éclat à son teint. Mais il sait maintenant qu'il se trouve en bout de chemin, qu'il a lui-même tendu les rets de son propre piège. Il hésite encore. Il a peur. Il se sait lâche. Mais comment dissimuler le corps de Mary? Comment faire oublier ce que tout le monde sait? A Vienne, Hélène Vetsera ne cache déjà plus ses doutes. Elle sait que Rodolphe est associé à la disparition de sa fille. Elle ameute la police, bat le rappel de sa famille. Marie Larisch se doute de quelque malheur. Elle a préféré avertir elle aussi les officiers de police. Il ne s'agit que de mourir et il ne peut se résoudre à plaquer le canon contre sa tempe moite, près de son oreille si large et qui fait peur aux autres. Ce tout petit geste et pourtant si dur à accomplir. Confusément, tout se mêle dans son esprit. L'odeur sucrée des roses continue de monter, de s'exhaler dans la pièce tout entière. Il connaît le halètement forcené et désespéré des bêtes quand elles sont rendues, il se souvient tout à coup du regard des cerfs, des loups, des chamois et des lynx qu'il a abattus. Ces yeux désemparés qui cherchent quelque point de fuite, quelque rai de lumière qui indique la route. Mais comme pour eux, rien que la nuit qui ne laisse percer aucune lueur du jour, il jette un regard circulaire sur la chambre. Rien que ces meubles d'ébène, lourds et massifs qui surprennent sous l'amas des roses, donnant au lit l'allure d'un catafalque impérial avec ses larges rideaux rouges.

Le geste de l'enfance lui remonte à l'esprit : de sa petite main, il étouffait le corps des oiseaux du parc. Il appuyait très fort en serrant les dents, en fermant les yeux jusqu'à s'en faire mal, et il appuyait jusqu'à ce que toute vie s'en aille de ce corps pantelant, tiède et déjà raide.

Il revient au lit. Elle est là, la plaie dégoulinante de sang enfle l'oreiller, déborde des revers du drap. Il appuie comme autrefois mais moins fort sur le coussin humide, le recouvre encore de fleurs, met des roses en tas jusqu'à ce qu'il ne voie plus rien. Il ne pense pas, ne formule pas de raisonnement particulier mais plutôt le cours de sa pensée est conduit par des images qui rayent son esprit, cavalent avec la rapidité du rêve. C'est un état élémentaire où il ne s'appartient plus, tout entier au déroulement de sa mort.

Lui reviennent pêle-mêle des images de l'enfance, les soirées solitaires loin de sa mère, les manques d'affection, et les images tyranniques de la chasse où s'affolent des bêtes prises à ses pièges, les femmes qu'il consommait sans les aimer, et cette marche en avant, terrible, brouillonne et désordonnée. Le temps poursuit sa route obstinément. Bientôt six heures et Mary morte depuis quelques heures déjà, évincée sous sa chape de roses. Il faut en finir. Reculer l'instant précis où il faut appuyer sur la gâchette ne sert qu'à le perdre. Il faut profiter de cette nuit obscure, de l'éclat tragique qu'il lui a donné.

La nuit, en cette période de l'hiver, gagne toujours plus sur le jour et sa lumière. Rien ne dit encore que la pâle lueur de l'aube viendra éclairer les forêts de sapins et les toits d'ardoise de Mayerling. Aucun animal ne viendra s'ébrouer hors de sa tanière, et commencer sa quête de vie. Rodolphe descend à la chambre de Loscheck. Laconique, il lui donne quelques consignes : « Vous m'apporterez le déjeuner à huit heures et non pas à sept comme d'ordinaire. Veillez à ce que le comte Hoyos soit servi à cette même heure et n'omettez pas de mettre un couvert pour le prince de Cobourg qui sera rentré de Vienne d'une minute à l'autre. Vous direz à Bratfisch que la chasse à Krottenbourg est toujours prévue et qu'il devra se tenir prêt. »

Le souvenir de Bratfisch lui rappelle ses talents de siffleur. Il aime bien son fidèle serviteur : il aime son pays simplement et chante les vieux airs populaires qu'il a suscités. En remontant dans ses appartements, il se prend à siffloter comme lui une vieille ritournelle qu'on chante encore dans les tavernes viennoises. Il est presque gai. Apaisé plutôt.

Le voici donc venu, le moment fatal! Ce moment si rapide et si fragile où il ne suffit plus de parler ou de spéculer, mais d'être le plus simple possible et se rendre nu et en paix à cette mort tant désirée. Il va encore une fois à sa table de travail. Prend une feuille de papier, griffonne quelques mots, peut-être plus hâtivement que d'ordinaire. Il dit à Loscheck :

« C'est à toi que je m'en remets maintenant. Ne cherche pas à comprendre ni à me juger. Il le fallait. Je te demande de me servir encore une fois comme tu l'as toujours si loyalement fait. Va au couvent de Heilingenkreutz et demande aux moines de nous enterrer, Mary et moi, dans leur petit cimetière. Je tiens beaucoup à ce que nous soyons enterrés ensemble. Fais cela en mémoire de moi. Adieu, mon brave Loscheck. Rodolphe. »

A leur ami, le prince Michel de Bragance, il adresse aussi ce message :

« Décidément, rien ne vaut que l'autre monde. Je te regretterai cependant. Tu m'as toujours été fidèle. Mary te donne son boa. Adieu Serveus Wasserer. Ton ami, Rodolphe. »

L'heure tragique ne désarçonne pas son humour. Serveus Wasserer, appelle-t-il son ami, en souvenir d'une chasse qu'ils avaient faite ensemble et au cours de laquelle Michel de Bragance s'était affublé d'un cachez-nez rouge comme en portent les célèbres fiacres de Vienne!

Sobriquet affectueux plus que méprisant car Rodolphe portait une grande estime à la corporation des cochers de la ville, véritable élite et maîtres incontestés de la capitale dont ils connaissaient tous les recoins. Combien de fois Rodolphe avait-il fait appel à eux pour le mener dans des lieux obscurs, car on pouvait compter sur les cochers de Vienne : pleins de tact et de discrétion, ils étaient les muets serviteurs et les complices des plaisirs des jeunes gens de la belle société.

Il se lève enfin. Jette un dernier regard sur le lit où gît Mary dans le sang et les roses. Il va jusqu'à elle. Écarte les pétales de sa bouche. Elle lui apparaît raide déjà et entrouverte. Il discerne ses petites dents blanches, « petites dents de souris » comme il les appelait, de la commissure des lèvres s'échappe un filet de sang à peine séché. Il remet l'oreiller sur elle. Il ne veut plus la voir. Puis il va à la fenêtre. Soulève une dernière fois les rideaux rouges. Rien du jour n'apparaît encore. Mayerling est le domaine de la nuit et tout entier rendu à la mort. Ce sera donc dans la nuit des ténèbres qu'il se donnera à elle. Rien de ce qu'il quitte ne resurgit à sa mémoire. C'est l'heure et il faut partir. Il a déjà bien trop tardé. Cela ressemble à un grand éclat métallique qui traverserait la chambre. Et dans le bruit qu'il provoque, sans douleur et sans avoir même eu le temps d'y songer, Rodolphe s'affale sur le lit, en travers, la tête fracassée.

3

L'agonie de Vienne

A Vienne, pendant ce temps, et malgré l'inquiétude qui habite la famille impériale, la vie de cour suit ses rites et, rythmée par la cadence effrénée des Strauss, avance masquée et aveugle dans la fin d'un siècle. En sous-main, cependant, des hommes minent le terrain, brisent l'édifice grandiose des Habsbourg. Depuis longtemps déjà, on se méfie à Vienne des juifs, des intellectuels, des jeunes : ce sont eux qui font la modernité et sapent la double monarchie. Les valses de Strauss vont trop vite et leur trot nerveux et frénétique montre la déroute. La gaieté enjouée des airs et des danses cache la détresse et l'incertitude. Mahler en secret compose des partitions terribles qui ressemblent à Mayerling.

Enfin le jour à peine voilé s'étire et, encore laiteux, dessine le faîte des arbres, les lisières des bois. La neige glacée prend avec l'aube des lueurs rosées, quelquefois argentées. La nuit de Mayerling est passée avec sa large faux et ses ténèbres hardies. Jamais elle ne fut si noire et si ramassée sur elle-même. Souvent Sissi évoquait auprès de ses enfants les soirées enchanteresses de Grèce. Elle racontait comment l'obscurité tombe sur Délos ombrant chaque ruine, chaque fût de pierre. Comment le firmament limpide pareil à celui que connurent Ulysse et ses compagnons se chargeait de lumière et se piquait d'étoiles lourdes de soleil blanc. Et, exaltée, elle déclamait des vers de Homère que son professeur de grec venait de lui apprendre. Ici, à Mayerling, les bêtes et les plantes se souviendront longtemps de la fureur du froid et de l'intensité de cette nuit sans espoir, de cette impression de solitude infinie qui se répandait partout comme une vapeur nocive. La lueur de l'aube redonne confiance à ce qui vit et palpite. Deux bruits secs comme des balles ont déchiré l'obscurité. Ils ont claqué comme des pots de terre se brisant sous les morsures brûlantes du gel.

Le petit déjeuner est prêt. Bientôt huit heures et Loscheck ira prévenir l'archiduc. Le prince de Cobourg n'est pas encore arrivé de Vienne. En jetant un œil par la haute fenêtre du salon, le valet de chambre remarque que des bourrasques de neige balaient la cour furieusement : « Mauvais temps pour la chasse », se dit-il à lui-même. Les chiens aboient tous ensemble. Ils poussent de longs cris comme s'ils appelaient quelqu'un. Une grisaille lugubre couvre le pavillon de Mayerling. Malgré le jour qui se lève et donne chichement de sa lumière, c'est une tristesse sourde et douloureuse qui triomphe.

A Vienne, obstinément, François-Joseph travaille aux affaires du pays. L'absence de Rodolphe est un dossier de plus à traiter comme les autres. Ce qu'il ne sait pas encore, c'est que son travail est désormais vain, car avec cette nuit fatale, c'est tout l'empire qui commence à se désagréger. Toutes les forces souterraines qui travaillaient contre lui vont émerger tranquillement.

Dans l'aube blanchâtre qui s'installe doucement, Loscheck prévient Hoyos.

– Impossible d'entrer chez l'archiduc. Il ne répond pas. Un malheur. Un malheur. Venez vite.

Ils se précipitent tous deux au premier étage du pavillon de chasse.

– Rodolphe, ouvrez-moi, je vous prie. C'est José, votre ami José.

Il frappe, frappe de plus en plus fort.

– Rodolphe, c'est moi, José. Ouvrez, ouvrez.

Mais rien ne répond à sa supplication. Un silence lourd pèse dans la maison. Les femmes de service, en bas, attendent elles aussi, pressentant quelque malheur.

– Loscheck, il faut faire quelque chose. Forcer cette maudite porte, ou la serrure qu'importe, mais il faut entrer, vous comprenez, entrer.

Le valet de Rodolphe s'exécute. Il casse la serrure, et la porte cède brutalement.

A l'intérieur de la chambre, ils ne distinguent presque rien. Une âcre odeur de suif se mêle à la suavité des roses. La pâle clarté de l'aube ne perce pas encore derrière les tentures tirées.

– De la lumière, Mall. Vite, de la lumière.

Elle arrive, intermittente, brandie par les mains tremblantes de Mall. Les lueurs qu'elle projette permettent de distinguer Rodolphe et Mary sur le lit.

Un silence lourd plane dans la pièce. La mort a fait son œuvre. Elle est là, invisible, qui possède l'espace entier de la chambre. Elle est si présente qu'un silence respectueux s'impose. Le brave Loscheck, médusé, regarde son maître, le corps à demi couché près de Mary, gisant, au fond du lit, sous un linceul de roses. Regarder la mort ainsi brutalement exhibée crée chez lui une sorte de révérence muette. Les deux corps de Rodolphe et de Mary ouvrent des espaces nouveaux, inconnus et terrifiants. Ils sont déjà ailleurs, mutants, et comme une barrière se dresse devant lui, une berge qu'il ne peut franchir, comme s'il restait, atterré, sur l'autre rive.

Hoyos, le premier, crève le silence.

– Il faut prévenir l'empereur, à la Hofburg, le plus vite possible. Ne touchez à rien. Maintenez cette porte fermée. Personne ne doit entrer. Personne, vous entendez ?

Il appelle Bratfisch.

– Menez-moi à Baden. Il faut faire arrêter le train

Vienne-Trieste qui passe bientôt. Vite. Nous n'avons pas une minute à perdre.

De nouveau, la voiture qui avait mené Mary sort de Mayerling. Bratfisch fouette ses chevaux. Sitôt passée la grille du parc, Hoyos, confusément, ressent comme un soulagement. Paradoxalement les vastes étendues de la forêt viennoise allègent le paysage. Le rendent plus humain. La voiture roule à bride abattue. Le sabot des bêtes claque sur la route verglacée. Régulier et monotone, il est quand même la vie. La neige poudre la frange des pins. On croise de temps à autre quelques maisons de paysans, aux toits enjolivés de broderies de bois. Au risque de verser, la voiture arrive à Baden. Le chef de gare refuse de faire arrêter le train.

– Il le faut. Par ordre impérial.

Mais l'homme ne veut rien entendre. Demande plus de renseignements. A bout d'arguments, Hoyos révèle le drame.

A Mayerling, les femmes ont peur. Elles sentent le poids de la mort au-dessus d'elles. Elles disent qu'elles préfèrent être dehors, avec les chiens, avec les bêtes, qu'importe pourvu qu'elles entendent la vie. Loscheck ne parvient pas à les raisonner. Elles sont avec le jour dans la cour du pavillon. Elles veulent partir. Mall dit qu'elle savait bien que ce lieu était maudit. Elle pleure, elle veut partir. Elle veut rentrer à Vienne, n'importe où. Prendre un lait chaud dans une auberge, celle qu'il y a près d'Alland par exemple qui fait de si bons gâteaux aux pommes. « Je sens la mort, la mort. C'est terrible », répète-t-elle.

Elle connaît aussi cette impression détestable d'avoir hébergé la mort pendant son sommeil, elle sait qu'elle a passé la nuit près d'elle alors qu'elle dormait, confiante, rendue au repos. Elle ne supporte pas d'avoir encore sur soi, malgré la présence du petit matin tout blanc venu là comme pour exorciser le noir, son ombre sournoise et fugace qui s'est faufilée partout comme font les rats, avec agilité et silencieusement. Mall frissonne en remettant son châle sur ses épaules, elle sait qu'il y a du sang sur le visage de Mary qu'elle avait entrevue hier encore à peine et dont elle enviait la beauté et la chance.

Il est juste dix heures quand Hoyos arrive à la Hofburg. Dans les couloirs du palais, c'est la même atmosphère solennelle et sombre que François-Joseph était parvenu à imprimer à toute sa maison. Il gagne avec rapidité les appartements du comte de Bombelles, son ami, celui de Rodolphe aussi. Qui donc annoncera à l'empereur la fatale nouvelle? Nul code, nulle étiquette qui pourtant avait su prévoir par ailleurs les situations les plus saugrenues, n'avaient imaginé tel cas de figure. L'empereur, quant à lui, travaille dans son bureau, comme à l'ordinaire, depuis l'aube. La même aube qu'il a vue se lever comme il le fait depuis le début de son règne, voulant être debout au travail avec ses sujets les plus humbles. Déjà la nouvelle se propage assez vite parmi les hauts dignitaires consultés. Dans les chancelleries, elle se répandra aussitôt par un curieux concours de circonstance. Hoyos dut donc révéler le drame au chef de gare de Baden, qui, lui-même, était employé de la compagnie des chemins de fer, la Sudbahn, dont la majorité des actions appartenait au baron Albert de Rothschild. Sitôt sut-il la nouvelle que le chef de gare télégraphia à ses supérieurs hiérarchiques à Vienne qui, eux-mêmes, en informèrent le baron. Rendu aussitôt à l'ambassade d'Allemagne, il mit au fait de la situation l'ambassadeur avant même que l'empereur n'apprît le drame.

Devant tant de difficultés et peut-être vaguement horrifiés d'apprendre le malheur, à la manière de ceux qui annonçaient autrefois la défaite à leur empereur romain, Hoyos et les ministres décidèrent d'en informer l'impératrice qui, seule, pouvait affronter l'empereur.

Il fallut se rendre dans les appartements de Sissi. Elle était occupée avec son professeur de grec à traduire quelques versets de Homère et personne ne devait la déranger sous aucun prétexte. Sissi mettait une attention particulière à apprendre les poètes grecs, prise de passion pour ce pays et n'aspirait qu'à y habiter. La force de sa lumière, la passion si fruste et si élémentaire qui nourrissait cette terre l'exaltaient et lui correspondaient. A Vienne, pour laquelle elle n'avait en réalité que silencieux mépris, elle trouvait une complaisance, une facilité, un artifice auxquels son éducation un peu bohème ne l'avait guère habituée. Aux convenances qu'elle vivait si péniblement, elle préférait la vie simple des habitants de Ios ou de Cythère, aimait avec les pâtres boire le lait des chèvres, sentir sous son corps l'eau de la mer, cette santé que la Grèce portait en elle-même, marcher des heures durant, épuisant sa suite, le long des côtes pelées et grillées, sous ce soleil si fort et régénérateur. Elle disait qu'elle se mourait à Vienne, devenait languide, et pour rien au monde, n'aurait remis à plus tard ses leçons de grec. Pour l'heure, le professeur lui lisait le passage si émouvant de l'Odyssée où Ulysse, revenu aux berges d'Ithaque, attend son fils, caché dans l'étable du porcher Eumée. Elle prend un plaisir infini à entendre la poésie d'Homère rythmer la phrase, épouser de manière si sensible les émotions de son héros.

Soudain, interrompant un verset, sa dame de confiance, Ida Ferenczy, surgit, le visage défait. Dans sa façon de marcher, de se précipiter vers l'impératrice, une agitation inhabituelle.

– Majesté, le baron Nocpa désire vous parler de toute urgence. Il insiste. Il dit que c'est très important.

Un peu irritée d'être ainsi interrompue, Sissi lui répond qu'il revienne après sa leçon. Elle le recevra.

– Majesté, pardonnez-moi, c'est très grave. Il y a des nouvelles de Mayerling. C'est au sujet de l'archiduc. De mauvaises nouvelles. Majesté. Je vous en supplie.

– Qu'il entre donc. Eh bien, baron, que m'apprenez-vous là de si important que je ne puisse achever ma leçon de grec ?

– Majesté, je voudrais n'avoir pas à vous dire ce que je viens vous apprendre...

– Dites, baron, assez de circonvolutions inutiles. Qu'est-il arrivé ?

Des visions de mort et de folie envahissent soudain l'esprit de l'impératrice. Son instinct de mère qu'on avait si ardemment enfoui au fond d'elle-même resurgit avec une violence de bête.

– Mais enfin, baron, dites.

– C'est qu'il est arrivé un malheur irréparable, Majesté. L'archiduc Rodolphe est mort. A Mayerling.

Elle reste une seconde, hébétée. Ida Ferenczy s'approche d'elle prête à la soutenir. L'esprit de Sissi vacille, brutalement, elle se précipite sur le baron, le prend par les deux bras, le secoue.

– Mais comment ? Comment ? Ce n'est pas vrai, baron ? On vous a induit en erreur. Vous n'avez pas vérifié. Ce n'est pas possible. Dites-moi ? Dites-moi que c'est faux !

– Majesté, c'est terrible. L'archiduc s'est suicidé. Mais ce n'est pas tout. Il n'était pas seul. Avec lui, Mlle Mary Vetsera. Morte elle aussi.

Sissi voudrait crier. Un long cri qui déchirerait le palais, les longs couloirs dorés du palais, un de ces cris qui viendrait du tréfonds des âges, une clameur archaïque, qui ferait chavirer le palais entier. Elle pense soudain avec terreur à l'obscure fatalité des Wittelsbach.

Elle sent cette voisine de tous les jours avancer chaque fois davantage, n'épargner personne de sa famille. Elle garde son mouchoir contre ses lèvres comme pour retenir le long cri qui lui chauffe la gorge et la brûle.

Elle sait qu'à pareille heure, elle rencontre régulièrement l'empereur pour une collation. Il est déjà tard et il doit s'inquiéter de son absence. Elle ramasse ses forces, tend ses muscles, avale cette affreuse boule qui lui envahit la gorge et va annoncer l'horrible nouvelle. Quelles paroles trouvera-t-elle alors pour cela ? Les mères savent-elles, malgré leur douleur, choisir les mots pour épargner ceux qu'elles aiment ? Où puisent-elles soudain l'énergie pour mettre au jour la réalité de la mort ? En passant le long des couloirs interminables, Sissi ne peut s'empêcher de penser qu'elle est fautive : « Oui, c'est moi, dit-elle, moi seule qui ai dans mes veines le sang maudit des Wittelsbach. C'est moi qui l'ai fait courir dans les veines de Rodolphe. Je suis coupable. Coupable, oui, d'avoir tué Rodolphe. Nous mourrons tous. Dieu est terrible avec nous. Pourquoi, mon Dieu, pourquoi ? »

Il y a peu pour rejoindre l'empereur et pourtant tout s'inscrit très vite dans sa tête : Rodolphe qu'elle n'a pas assez aimé, dont la santé chancelante ne l'a pas suffisamment préoccupée. Rodolphe qui lui avait dit il y a peu de temps encore, à Noël, lorsqu'ils s'étaient tous réunis et qu'elle avait cru soudain à une vraie fête de famille comme celle qu'elle avait eu l'habitude de vivre pendant son enfance heureuse, oui, Rodolphe, elle aurait dû y prêter plus attention, lui avait confié qu'il « était à bout de nerfs ». Elle sait en l'espace de peu de pas qu'elle aussi est perdue, qu'elle va à la mort violente, que ce sera son tour bientôt, qu'il ne suffit que d'attendre.

Elle devra donc continuer son errance, de plus en plus seule, tous les siens fauchés, détruits, pris dans la grande colère de Dieu. Elle ira d'île grecque en île grecque, de Madère à Chypre, elle arpentera les mers, elle ne croira plus qu'elle trompe ainsi l'attention de la Dame blanche, elle ira au bout de ses forces, usera ses pas à marcher, à vaincre les jours, jusqu'à ce qu'elle aussi soit fauchée.

Quand elle voit l'empereur, elle se jette à ses genoux. La grande tendresse qui les unit malgré les séparations, les échecs de vie commune n'ont jamais dissipé cette douce intimité, cette paix qui passe entre eux deux.

– Mon ami, c'est la fin. Il faut que je vous l'apprenne. C'est la fin, mon cher époux. Rodolphe, notre Rodolphe est mort. Il n'y a plus rien, plus rien. La mort, encore la mort.

L'empereur, habitué à endosser les coups du destin avec calme, reçoit, impavide, la nouvelle. Mais une détresse absolue, solitaire, le traverse. Il ne dit qu'un mot, mais lourd de sens :

– Mon fils, pourquoi m'as-tu fait cela ?

L'homme d'État reprend très vite le dessus. Il faut agir vite, ramener le corps de Rodolphe à Vienne, propager d'autres informations sur les circonstances du drame, une embolie, un accident de chasse, qu'importe, mais pas ça, pas ça.

A sa façon d'agir si précipitamment, il y a quelque chose de pathétique et de vain. François-Joseph se sent le capitaine d'un bateau qui coule. Rodolphe mort, c'est la dynastie même des Habsbourg qui s'écroule. Cet édifice si savamment construit qui se mine de l'intérieur, perdu par celui-là même qui était tenu de le maintenir debout. La honte, la colère, la douleur assaillent le vieil empereur. Comment le pape Léon XIII acceptera-t-il le permis d'inhumer chrétiennement un suicidé et un meurtrier ? Comment toutes les dynasties du monde prendront-elles la chose ? Il est conscient au fur et à mesure que les secondes s'écoulent de l'immense scandale qui va éclater et dont sa famille sera porteuse.

Sissi, elle, rencontre Mme Schratt. Elle sait qu'elle a rendez-vous comme chaque matin avec l'empereur. Elle lui confie sa détresse, mais pense surtout à François-Joseph :

– Veillez sur lui, consolez-le, je vous en prie. Vous pouvez quelque chose de doux sur lui. Faites que son courage demeure. Il a toujours la charge de l'État. Il faut que nous l'aidions toutes deux. Souvenez-vous de notre pacte : nous devons œuvrer toutes les deux à son bonheur.

Sans que chacune y porte ombrage. Et vous pouvez tant pour lui. Allez, ma chère amie, allez.

Il lui fallut avertir tous les autres membres de la famille impériale et en premier lieu Stéphanie, l'épouse de Rodolphe. Les enfants. Soudain, elle pense à la baronne Vetsera. L'a-t-on avertie ? Sait-elle l'horrible nouvelle ? Une solidarité de femmes passe en elle.

– Il faut que je la prévienne personnellement. C'est à moi à lui annoncer.

Elle demande que l'on fasse venir la baronne. Elle arrive. Affolée.

– Majesté, qu'est-il arrivé ? Mary, Mary, rendez-la-moi. Savez-vous où elle est ? Qu'est-il arrivé ?

– Le malheur est sur nos familles, ma pauvre baronne. Votre petite Mary n'est plus, elle est partie avec mon fils, oui, mon fils Rodolphe. Ils sont morts, cette nuit même, à Mayerling.

La baronne et Sissi s'enlacent. Il n'y a plus entre elles qu'une douleur qui se partage, qui s'étreint.

En quelques heures, François-Joseph a tout organisé. Il n'a rien laissé au hasard. Il pense à l'honneur de la monarchie. Déjà on fait route vers Mayerling pour ramener le corps de Rodolphe. Quant à celui de Mary, il faudra bien le cacher. Brutalement, les amants sont séparés. Ils ne reposeront jamais ensemble. D'emblée, c'est l'empereur qui donne le ton. L'équivoque, le malaise s'instaurent aussitôt. Il fallait tuer une deuxième fois Mary Vetsera. L'écarter définitivement de Rodolphe, fût-il mort. Raison d'État. L'édition spéciale de la gazette officielle, la *Wiener Zeitung* inaugure le grand mensonge : « Son Altesse Impériale et Royale, l'archiduc Rodolphe, prince héritier, avait décidé avant-hier de partir pour la chasse à Mayerling et il y avait convié plusieurs chasseurs tels que le prince Philippe de Cobourg et le comte Hoyos. Ce matin, quand les invités de Son Altesse se réunirent, ils constatèrent l'absence de leur hôte. Puis, ils furent pénétrés de douleur en apprenant l'atroce nouvelle qu'à la suite d'une embolie, Son Altesse Impériale et Royale, le principe héritier, avait exhalé sa grande âme. » François-Joseph rédige à la Hofburg un télégramme pour les souverains d'Europe : « Profondément accablé, j'ai le triste devoir de vous annoncer la mort subite de mon fils, le prince héritier Rodolphe qui a succombé ce matin à une apoplexie, à Mayerling, où il s'était rendu pour chasser. »

Plus obscur et sibyllin est celui adressé au pape Léon XIII dont l'empereur redoute les retombées sourcilleuses : « C'est avec la plus profonde douleur que je viens annoncer à Votre Sainteté la mort subite de mon fils Rodolphe. Je suis sûr de la part sincère qu'elle prendra à cette perte cruelle; j'en fais le sacrifice à Dieu à qui je rends sans murmure ce que j'avais reçu de lui. J'implore pour moi et ma famille la bénédiction apostolique. »

Mais déjà dans les couloirs, dans les ambassades, dans les rues même, on commente autrement la tragédie. La petite Vetsera est mêlée aux ragots bien que l'empereur ait fait savoir à la baronne Vetsera de partir pour Venise précipitamment et d'y faire annoncer que Mary y serait morte le 29 janvier.

Dès le lendemain, la presse change de ton, met l'accent sur la folie, accréditée en cela par le rapport d'expertise médicale. La *Wiener Zeitung* dément son article de la veille : « Le communiqué d'hier concernant le décès du prince héritier était fondé sur les premières constatations des personnes qui appartenaient à l'entourage du mort, l'archiduc; ce sont elles qui ont affirmé qu'il avait succombé à une embolie. C'était là une erreur... Au cours des dernières semaines, le prince héritier avait donné de nombreux signes d'une nervosité maladive. Il est donc à présumer que sa mort terrible est la conséquence d'un trouble mental. »

De son côté l'expertise médicale laisse le champ ouvert à des visions imaginatives qui vont être très vite multipliées : « Il est hors de doute, certifie-t-elle, que l'héritier s'est tué lui-même d'une balle dans la tête et que la mort fut immédiate. Les désordres constatés sur les circonvolutions du cerveau sont des symptômes qui indiquent nettement un esprit anormal et permettent de supposer que le suicide est survenu dans un accès de folie. »

Dans le secret de son cabinet de travail, l'obscur docteur Freud analyse aussi les désordres du cerveau, les épanchements du désir, les pertes de la mémoire, les rêves idéalisés, les difficultés de vivre. Il note avec beaucoup de soin la suite de l'histoire. Elle est exemplaire car elle associe l'amour à la mort, le meurtre au désir des deux amants. C'est de la matière vive pour lui.

Les mensonges de l'État, les hésitations, les incohérences même, la disparition de Mary Vetsera, alors qu'elle n'est un secret pour personne, contribuent à exalter les esprits, à déployer les fantasmes et les besoins de sensationnel des Viennois. Dans les rues de la capitale, on ne parle que de cela. Les suppositions les plus folles, les plus macabres se propagent. Et si ce n'était pas Rodolphe qu'on avait amené à la Hofburg ? Et s'ils avaient été assassinés ? Et s'ils s'étaient enfuis à l'étranger ? Et savait-on à présent qu'elle attendait un enfant et que, comme Rodolphe ne pouvait l'épouser, ils avaient décidé de se tuer ?

A Mayerling, cependant, ceux qui sont venus chercher la dépouille de Rodolphe sont chargés de soustraire à tous le cadavre de Mary : elle ne doit être associée en aucune façon au drame de Mayerling. Par ordre de François-Joseph. Dissociée de Rodolphe, on la cache dans un placard. Posée en travers d'une table, à moitié nue, froide et raidie par la mort, elle a encore, accrochés à son sein, quelques pétales de rose fanés, jaunis par le temps, morts eux aussi. Bien que la baronne Vetsera témoigne d'une grande douleur, on lui interdit de se rendre à Mayerling. Sa colère n'y fera rien. Elle ne pourra pas même enterrer sa fille à Vienne. A ce sujet et contre toutes les lettres que François-Joseph a lues, il exigera que Mary soit enterrée dans un petit cimetière voisin proche de Mayerling, à Heilingenkreutz dans un monastère de cisterciens. Il faudra l'y enterrer de nuit, ses services feront le nécessaire pour que tout soit organisé. De fait, l'abbé de Heilingenkreutz, le père Grunbock, est averti qu'il fallait enterrer « la nuit même au cimetière du couvent, une noble dame qui, dans un accès de folie, s'était suicidée près de Mayerling ». Le père Grunbock veut en savoir davantage, menace de ne pas enterrer, mais on s'empresse de lui dire que les ordres viennent de très haut. Il s'exécute et organise la cérémonie nocturne. Cependant, la baronne Vetsera, avant de s'éloigner pour Venise, dépêche les oncles de Mary, Stockau et Baltazzi, sur les lieux du drame afin de la faire enterrer.

Ils prirent la route qui mène à Mayerling. La même route verglacée et cahotique. Des congères dures comme du verre escortaient la voiture. Plus ils avançaient, plus la neige se resserrait sur Mayerling, ramassant davantage les forêts et les bêtes sur plus de froid métallique, plus de vent qui les gifle et les cingle. Les ornières rendues glauques par la lumière du jour, creusées par le pas des chevaux, retrouvaient très vite la dureté de la veille, les moules de terre battue froide et raidie de gel. Derrière eux, ils laissèrent Vienne dans une poudre de neige. La forêt alentour précipitait la route dans une sorte de fosse mortelle où le froid et la mort se concentraient.

Le comte Stockau fit remarquer au baron Baltazzi l'immense et insolite beauté du lieu. La ligne presque violette des sapins mangeait le ciel avec une avidité presque monstrueuse. Quelquefois, derrière les vitres de la voiture, ils apercevaient le toit effilé d'une chapelle qui se hissait hardiment au-dessus des forêts.

Puis la voiture ralentit à la fourche d'Alland. Ils furent alors très vite dans la cour d'honneur du pavillon où personne ne semblait les attendre. Il faisait très froid. Longtemps, ils durent patienter qu'on voulût bien leur ouvrir. L'étau des bois veillait sur Mayerling. Ils pouvaient entendre, intermittent, le brouhaha sec et claquant des ailes de corbeaux survolant les toits avec l'opiniâtreté des oiseaux de proie. Tout semblait déserté, mais malgré le soir qui tombait presque à vue d'œil, ils observaient le manège des écureuils se hasardant à la lisière du parc.

Les chevaux renâclaient, des filets de bave s'échappaient de leurs mâchoires et leurs cils, très recourbés, se frangeaient de poudre de neige.

On dut enfin les faire entrer. L'odeur du moisi avait repris en quelques heures faute de chauffage. On n'avait eu raison ni de la vermine logée dans les trophées suspendus aux murs ni de l'humidité qui suintait des murs. Personne n'était plus là pour entretenir les poêles et le froid, presque matériellement, cognait contre les murs des pièces, se logeait partout.

Une horloge que Loscheck avait remontée égrena les six heures puis le balancement de son pendule s'arrêta brutalement. Le corps du prince Rodolphe avait déjà été transféré à Vienne. On n'avait pas eu le temps de s'occuper de Mary.

Ils la découvrirent dans une pièce annexe non loin de la chambre du drame. C'était une pièce aveugle où les gens de service entreposaient le matériel domestique. Sur une table bancale, à même le bois, entre des sacs de toile et des balais, gisait Mary. Ils ne purent réprimer un geste de dénégation et d'horreur. A moitié nue, les yeux encore ouverts, elle avait du sang qui s'échappait de sa bouche, séché et noirâtre.

On avait mis à la hâte quelque linge pour dissimuler son corps. Stockau se souvint de la grâce qui l'emportait quand elle dansait une valse de Strauss, des plis nombreux de ses robes de mousseline et de tulle qui jouaient avec les mouvements légers qu'elle savait donner à ses hanches, de ses pieds serrés dans des bottines, agiles et nerveux, de son ombrelle avec laquelle elle jouait savamment, de ses grands yeux toujours perplexes qui cherchaient Rodolphe dans la foule du Prater qui se pressait le soir.

Ils durent subir le constat d'autopsie du docteur Auchenthaler que l'empereur avait dépêché.

Comme personne n'avait songé à lui porter quelque vêtement et que Mary elle-même s'était enfuie de Vienne sans bagage, on dut lui remettre ses habits de voyage. Stockau et Baltazzi remontèrent dans la chambre mortuaire. Près du lit ensanglanté, il y avait le manteau de phoque dont elle s'était enveloppée dans les bois de Mayerling et où s'étaient accrochées des multitudes de cristaux de neige, ses bottines de chevreau noir, son sac. Il fallait faire vite, très vite. Fuir ce lieu maudit qui sentait le sang et la mort. Il semblait à Stockau que les trophées de chasse accrochés aux murs avaient quelque mauvais rictus au coin des lèvres. Leurs yeux de verre pouvaient bien refléter une méchante joie. Il haussa les épaules, refusant de prêter crédit à son imagination. Dans la chambre, les roses étaient anéanties par le froid et les mauvais traitements. Pas une n'avait survécu à la nuit de Mayerling. Flétries, la plupart jonchaient le sol. Des pétales s'étaient collés au sang et l'on ne savait plus ce qui, des pigments ou du sang, teignait ainsi les draps. D'autres bouquets, lourds et trop ramassés, étaient fanés de trop peu d'espace. Ils se flétrissaient sur place, adoptant des allures gauches et maladroites. L'odeur sucrée des roses avait disparu. L'air glacial qui les avait tuées avait effacé jusqu'à la moindre trace de leur essence et de leur poivre. Certaines déjà étaient racornies, se cassaient comme des croûtes. Baltazzi en prit une dans ses doigts, qui se détacha aussitôt de sa tige. De colère et de détresse, il la serra dans sa main jusqu'à ce qu'elle devienne une poudre jaunâtre, poudre fine du sablier qui le rappelle au temps qui passe. Ainsi, de ces roses, il ne restait plus rien que cette poussière de roses qui, cependant, avait su donner, recomposée en pétales, l'ordonnance de la beauté.

On transporta Mary à bras le corps jusque sur le lit, comme on porte un mannequin. On l'habilla. C'était très difficile de lui passer le manteau, tant la mort et le froid l'avaient raidie.

On eut l'idée de lui glisser une canne de bois dans le dos pour la maintenir plus droite, on attacha la canne à son cou et à sa taille. On ramena son capuchon de fourrure sur sa tête et, encadrée de ses oncles, on l'emporta. Comme on ne pouvait maintenir davantage la tête, elle dodelinait doucement, comme fait celle d'une femme ivre. Elle allait tantôt à droite, tantôt à gauche, s'appuyant sur les épaules de Stockau et de Baltazzi. En franchissant le porche, le visage reçut une bouffée de froid qui redonna vie à cette cire. Dehors, la neige et les bourrasques. Le froid intense n'avait pas relâché son emprise. Il fallut marcher à tout petits pas pour éviter de glisser sur le verglas, sur la cour. Les arbres, indifférents, continuaient leurs échanges avec la terre, avec le sol, avec ce qui vit sous terre et vivra sans cesse. Des oiseaux, égarés, rasaient les troncs des arbres, cherchaient en vain de quoi se nourrir. Au fond des bois, les bêtes, sûrement, remâchaient des herbes jaunies par le froid, d'autres qui auraient pu faire croire à la mort semblaient inertes et endolories. Malgré la chape de glace, des mélanges et des commerces grouillaient par-dessous. Il aurait fallu s'approcher de bien plus près pour les entendre. Les grands mouvements de la terre, les soubresauts géologiques, les résilles d'îles et de presqu'îles qui se faisaient et se défaisaient lâchaient prise tout à coup pour soudain s'engouffrer dans le noir et le vide. Les activités pulpeuses de la terre, les couches excentriques qui se formaient et s'agrégeaient aux précédentes, les naissances et les morts qui se menaient, les agonies lentes des roches, la cavalcade des bêtes qu'elles entendaient au-dessus d'elles, tout s'exprimait quand même.

Stockau et Baltazzi quittèrent enfin Mayerling comme on quitte l'enfer. Mary avait moins de grâce mais la tendresse de ses poses et la souplesse de sa démarche lui donnaient cependant l'allure déliée qu'elle affectait au Prater. Ils passèrent à la nuit tombée par l'allée de sapins qui mène aux voitures et près d'eux, Mary avait l'air de converser gaiement tendant son visage de l'un à l'autre. Peut-être la souplesse trop pantelante de sa nuque pouvait-elle faire croire à la silhouette débridée de quelque noctambule attardé dans la nuit. Dans la voiture, ils placèrent Mary entre eux, la calant bien de leurs épaules. Il semblait que sous les cahots de la route, Mary ne pouvait plus jouer à la vie.

Il n'y avait plus ce visage un peu rosé de froid qui faisait illusion et les gestes déliés de la vie. Il fallut ôter la canne du dos pour qu'on pût l'asseoir.

Un temps, la tête se posa sur l'épaule de Stockau, l'oncle qu'elle aimait tant. Les yeux fermés, elle semblait encore assoupie par une longue fatigue. Elle refaisait donc la route en sens inverse, passait par les mêmes allées de sapins, émergeait de la même profusion des bois et des forêts, de la même épaisseur des branches, de cette sève secrète et tranquille qui bousculait l'écorce de la terre, propageait son souffle, forçait les graines à se rejoindre pour donner une poussée brutale à la tige naissante, conjurait les bêtes à s'accoupler, à se pénétrer furieusement, à poursuivre la longue chaîne des générations, jusqu'à ce que tout s'achève.

Elle avait comme exalté les forces de la vie, les avait fait vibrer jusqu'à la dernière limite de leurs forces, jouant avec ses nerfs, avec son imagination, avec les jeux que la société viennoise avait pu lui offrir. Cette sève, Mary l'avait possédée jusqu'à la dernière miette de sa vie puis elle s'était laissée mourir, comme usée de vivre, comme on dit d'une chandelle qui n'a plus de mèche pour continuer à donner sa lumière. Elle disait qu'elle ressemblait à ces héroïnes de romans tant la rage de vivre était en elle et elle avait appris des livres que vivre, c'était aussi accepter de mourir pour connaître d'autres mystères, d'autres voyages autrement plus étonnants que ceux qu'elle connaissait.

La voiture roulait à vive allure entre les sentiers élevés de neige dure et coupante; le visage, le corps entier de Mary étaient à présent complètement inanimés. Un masque blafard s'étendait sur sa peau, glissait comme un gant sur ses mains si fines. A ses cheveux, recoiffés sommairement, et que le capuchon recouvrait, ils purent discerner, accrochés, quelques pétales de roses sanguinolents. Le rouge énorme des roses avait viré au rose pâle, mais le sang les avait de nouveau teintées. De sorte que Mary leur avait quand même redonné les couleurs de la vie.

Il est maintenant dix heures du soir. La nuit épaisse de Mayerling est tombée depuis longtemps, recouvrant de sa peau brune les bois environnants. Le vent souffle en bourrasques, prévenant ainsi toute chute de neige. Elle est cependant partout, obstruant le paysage, le rendant touffu comme du coton. Entre les deux oncles, la petite Mary. La tête ne cesse de dodeliner; Baltazzi pour la faire tenir droite rajoute un autre bâton le long de la nuque qu'il attache par une écharpe à son front. Le cortège roule lentement, gêné par les rafales et la pluie qui commence à tomber dru, giclant sur les vitres de la voiture, crachant sur la capote. Il faut traverser les bois de pins dont sont recouverts les monts de Heilingenkreutz, prendre à la fourche d'Alland la petite route sinueuse qui mène au monastère. La voiture avance péniblement, puis s'arrête. Le cocher en descend, accroche des crampons aux fers de ses chevaux tant les bêtes glissent sur la route verglacée. Rien ne leur est épargné. Les oncles de Mary ne disent mot, ils sont pressés d'en finir, terrifiés d'être ainsi voisins de la mort, de la côtoyer, de se livrer à ce qu'ils considèrent confusément comme un jeu avec elle, un blasphème. Le cadavre de Mary communique un froid métallique. Il passe à travers le manteau de phoque bordé de loutre, gagne Stockau et Baltazzi. Au bout de l'effroi, ils s'écartent en vain de ce corps de reptile, de cette apparence de vie, de cet odieux simulacre. Entre les bourrasques qui fouettent la voiture en la déportant dangereusement, ils peuvent surprendre le hululement de quelque buse qui rejoint, affolée, son nid. Autour d'eux, il n'y a que la nuit sans lune, et le renâclement des chevaux trouant le silence des bois. Eux qui sont familiers des derbys et des garden parties ne trouvent pas les mots pour apaiser la situation, pour se réconforter. De la terreur passe.

Ils arrivent enfin au monastère. Le père Grunbock les y attend. Deux hommes dépêchés par ses soins travaillent déjà à la fosse. A la lueur des flambeaux, ils piochent, mais la terre est dure, se donne difficilement aux pelles. Tout à l'heure cependant, elle ouvrira ses bras gelés pour recevoir Mary. Soudain, les parois de la fosse pratiquée avec peine s'éboulent, les fossoyeurs refusent d'aller plus avant, croyant voir là quelque présage terrible. La pluie redouble, la terre en mottes dures s'amollit, devient boue, glaise grasse et sale. Le père insiste, adjure les hommes de poursuivre. Le travail reprend, pesant; les hommes sont obligés de descendre dans le trou, la vision est fantastique à la lueur intermittente des torches. On croirait voir des ombres préparant leurs propres tombes. Dans les bois alentour, la vie est recroquevillée, cherchant en elle-même des flux d'énergie, de nouvelles circulations de sang. Dans l'église toute proche, des moines veillent encore. On leur a dit qu'une femme sera enterrée près d'eux cette nuit. C'est à elle que vont leurs prières. Dans la voiture toute proche, les oncles tiennent toujours Mary. Ils sont à bout de forces, guettent le moment où tout sera fini. Où ils pourront rejoindre Vienne, sa lumière même opaque, mais la vie nerveuse qui s'y mène, les kiosques à musique, où se jouent toujours des airs alertes et heureux, les marchands ambulants, les petites auberges où coule le vin.

En soulevant la vitre de leur fenêtre, ils peuvent entendre le bruit mat des pioches qui achèvent de creuser. Ils restent ainsi toute la nuit. Veillant Mary, Mary qui attend comme on attend un cavalier au bal ou bien raide comme lorsqu'on est très attentif au déroulement de l'opéra, Mary absente et déjà ailleurs qui a laissé là sa dépouille, son costume de vie, mais d'où nulle étincelle d'esprit n'allume plus le regard, nulle teinte rosée ne colore les joues, nulle chaleur ne fait battre les poignets, les tempes, les chevilles.

Enfin la fosse fut prête, vers sept heures du matin, alors que la lumière du jour n'était pas encore levée, qu'elle n'avait pas étendu ses rayons sur les forêts de sapins alentour redonnant espoir à ce qui vit. On plaça Mary dans un cercueil façonné à la hâte, en sapin. On l'emmitoufla dans son manteau de fourrure, et l'on jeta la terre gelée dessus. Les mottes dures faisaient en tombant un bruit sec et insolite pour tous ceux qui vivaient ici : les plantes, les bêtes, les moines. Ainsi, il ne restait plus rien de la jolie baronne. Elle s'en allait solitaire, abandonnée au régal des vermines, dans le froid et le noir. Peu à peu, il ne resterait rien d'elle, rien de ses grands yeux toujours étonnés, de son petit nez retroussé, de son corps si sensuel. Elle assistera impuissante à son propre pourrissement, au lent mais fidèle et patient travail des vers qui rogneront jusqu'à sa dernière parcelle de peau, qui lécheront ensuite ses os à les rendre blancs et lisses; quelquefois, quand il sera encore temps, elle pourra entendre la cloche grêle du monastère qui scande les heures d'oraison, mais elle ne verra plus de sa demeure enfouie la lente montée du jour, les lueurs rosées dont elle se pare, l'allégresse des tiges devant le jour qui renaît, le murmure des bêtes s'ébrouant au petit matin, le frisson des branches quand se lève le vent, le crépitement du givre sur le sol, non, elle ne verra plus rien de tout cela, son corps perdu pour toujours et seule, seule surtout, mais peut-être l'âme aura-t-elle commencé son chemin de lumière dans les étoiles à la recherche de Rudi qui aura, elle en est sûre, réussi à s'échapper de la crypte des Bénédictins où gisent tous les Habsbourg, sous des catafalques de marbre, loin, très loin sous la terre.

L'agitation funèbre est intense à Vienne. On prépare en grande cérémonie les funérailles de Rodolphe. Parti à Mayerling pour échapper aux contraintes de la cour, il est, mort, de nouveau la proie des bienséances, du protocole, de la plus effroyable minutie. Arrivé à Vienne dans la nuit glacée, le convoi passe lentement par les grandes avenues, escorté par la garde à cheval. Dans la nuit sans étoiles, des groupes d'hommes et de femmes ne dorment pas, veillent comme pour saluer une dernière fois leur archiduc. Pas de fêtes cette nuit à Vienne d'ordinaire si frivole, mais plutôt l'odeur de la mort et de la décomposition. Ceux qui ont osé braver le froid pelotonnés dans leurs pelisses ont d'étranges pressentiments. Fascinés par le spectacle de la mort qui passe, ils croient voir aussi passer la fin d'un temps et le cortège est sa menace.

On porte enfin Rodolphe dans ses appartements. Là même où il recevait ses maîtresses mais où aussi il apprenait, il inventait des théories plus libératrices pour son futur peuple. Le visage ceint d'un bandeau pour cacher le trou béant que lui a laissé la balle et recouvert jusqu'au cou d'une couverture de flanelle blanche, Rodolphe a cependant le regard paisible et doux. On attend la visite de ses parents. Ils arrivent séparément. François-Joseph d'abord, le visage impassible comme toujours, ne laissant transparaître aucune émotion mais drapé dans sa charge d'empereur comme pour mieux supporter son désarroi et sa douleur. Il se souvient qu'il a vu une dernière fois son fils au cours d'une conversation terrible, implacable, cruel bras de fer entre les deux hommes. L'orgueil et la vanité ont eu raison de lui : pas une larme ne coulera de ses yeux, seule sa façon de tirer sur sa moustache est un signe pour les siens de confusion et de trouble.

Sissi surgit enfin, dans sa robe de faille noire qui crisse quand elle marche.

Près de son fils qu'elle ne connut jamais, elle s'effondre cependant. Elle ignorait toujours les règles de dignité qu'exigeait son rôle de souveraine. Et c'est pour cela que son peuple l'aimait malgré tout. Elle pleure donc, elle sanglote aux pieds de son fils, comme une pietà italienne, et elle devient semblable à toutes les mères qui viennent de perdre la chair de leur chair, elle s'accuse d'avoir elle-même mis au monde celui qu'elle a si mal protégé, implore le pardon de Dieu pour elle, et sa pensée toujours revient à la malédiction qui n'épargne personne de sa famille; qu'importent désormais la villa de Corfou, les aurores dorées sur la mer Égée, les promenades frénétiques sur les collines séchées, les haltes verdoyantes chez les bergers? Elle dit à haute voix devant sa fille, Marie-Valérie et l'archiduc François-Salvador qui l'accompagnent, qu'elle ne pourra plus vivre désormais, qu'elle sera obligée d'épier les moindres gestes de la mort, les pièges qu'elle lui tendrait. Elle veut caresser Rodolphe. Sa main presque transparente passe sur son visage qui, curieusement, était redevenu celui de l'enfant qu'elle avait connu. Avec effroi, elle heurte quelque chose de plus dur, qui fait relief avec le reste de la peau : elle repasse sa main, elle comprend qu'il s'agit, à l'endroit même de la balle, d'une cire que les médecins ont placée là pour reboucher la blessure. Elle crie encore de ce cri du ventre mais elle l'étouffe vite en bâillonnant sa bouche d'un mouchoir.

Elle le laisse enfin. Sa silhouette si fine, presque immatérielle, repasse par les longs couloirs qu'elle détestait tant. Il ne lui reste plus qu'à attendre la fin de la tragédie. Être à la merci du destin qui s'emparera d'elle bientôt. Confusément, elle le supplie de se hâter.

Une activité sourde et secrète continue d'inquiéter le domaine de Mayerling, de troubler sa paix. Des allées et venues font crisser l'allée principale car rien ne sera comme avant tant que la moindre trace de la nuit tragique ne sera pas effacée. Le 1er février, le docteur légiste Auchenthaler et Slatin se rendent au pavillon de chasse. Ils ont pour mission de récupérer les ultimes traces de la présence de Mary. Ils s'y rendent donc : arrivés dans la chambre mortuaire, ils prennent les quelques effets de la baronne, son petit sac de toilette, les vêtements que Rodolphe avait fait préparer pour elle avant qu'il n'arrive. Ils vont jusqu'au poêle de la pièce de réception, en bas, où l'on a entretenu pour l'occasion, sommairement, un feu et ils y jettent les dernières affaires de Mary. Le feu s'étouffe un peu puis reprend de plus belle. Une odeur âcre s'échappe des interstices du poêle qui crépite, craque et ronfle enfin.

Tout s'achève dans les flammes. Place nette à Mayerling. Plus rien ne se souvient de leur passage. C'est l'ordre de l'empereur. Peu à peu, le poêle brûlera moins violemment, plus personne ne sera là pour l'attiser, le froid tombera sur les murs, s'y accrochera, mangera les trophées de chasse, boursouflera les parois d'humidité. Les bois retrouveront leur tranquillité lointaine et solitaire, et les bêtes ne connaîtront plus guère l'ardeur guerrière des chasses impériales.

La dépouille mortelle de Rodolphe est jonchée de fleurs déjà fanées, grandiloquents bouquets que la cour impériale et royale lui a fait parvenir en dernier hommage. Près des mains de son fils, Sissi a fait porter, seul et émouvant, ce bouquet de perce-neige, composé dans les serres de Baden. C'est la dernière tendresse de l'impératrice pour son fils. Elle ne le reverra plus. Très atteinte par le drame, les nerfs ébranlés, elle ne peut pas même envisager d'assister aux funérailles si longues qui vont suivre. Ce bouquet, c'est sa caresse de mère, comme autrefois, elle avait fait envoyer aux funérailles de Louis II, le bien-aimé, un délicat bouquet de jasmin.

Jusqu'au 5 février, date des obsèques, la Hofburg vécut dans une atmosphère lourde et sombre. Les lampes à pétrole dont les couloirs étaient pour la plupart nouvellement dotés, répandaient des émanations insupportables et l'archiduchesse Stéphanie disait que « la suie tombait comme une pluie noirâtre dans toutes les pièces ». On avait fixé aux cantonnières des rubans de velours noir et des nœuds grenats retenaient toutes les tentures. Une stupéfaction, un silence de terreur semblaient s'être emparés du palais. Tous sentaient chanceler le régime, et ce n'était pas la personnalité falote de François-Ferdinand, neveu de l'empereur et successeur probable de Rodolphe qui pouvait rassurer.

Des hommes s'occupaient de l'archiduc, colmataient les blessures, maquillaient son visage. Plus rien ne paraissait que sa figure, tant les gerbes de fleurs le recouvraient. Entre les larges palmiers qui scandaient le cercueil et les coussins de velours sur lesquels étaient disposées couronnes et décorations, dans la lueur blafarde des énormes cierges qui brûlaient en permanence, le catafalque prenait un air étrange et cauchemardesque. Les parfums des différentes fleurs se contrariaient entre eux et dégageaient une odeur désagréable et trop sucrée. Il y avait quelque chose qui ressemblait au théâtre, à une mise en scène figée et tragique. Il semblait à tous que rien ne pouvait être comme avant, que les Strauss n'avaient plus qu'à ranger leurs archets dans leurs coffrets, que jamais plus les robes de mousseline ne valseraient sur leurs airs trop nerveux, que cet air de fête qui paraissait fébrile se transformerait en paysage de mort et de désolation.

Le vent glacial qui soufflait sur la ville et sa forêt alentour ne désemparait pas. Mais il fait froid aussi à l'intérieur de soi, comme si la ville de Vienne sentait sa fin toute proche, comme si dans les réseaux de ses veines ne pourraient jamais plus couler la même joie de vivre, la même gaieté qui, tous les soirs, s'emparaient du Prater.

Et les Viennois emmitouflés attendent, ce 5 février à midi, que passe devant eux le corbillard noir tiré par des chevaux blancs. Au pas, ils parcourent la ville pour atteindre l'église des Capucins où, traditionnellement, reposent tous les Habsbourg.

Dans le brouhaha des cloches qui péniblement remplit la cité, Sissi, comme prisonnière dans son palais, se cache au passage du cortège. C'est son fils qu'on emporte dans cette voiture dépouillée, ce fils qu'elle n'a jamais tant connu que maintenant. Elle court dans les longs couloirs.

– Majesté, je vous en supplie. Vous vous détruisez inutilement. Revenez, Majesté, crie après elle Ida Ferenczy, sa dame de compagnie. Où allez-vous ?

Sissi se dirige vers la petite chapelle. Elle se jette aux pieds de la Vierge Marie. L'implore. S'abîme dans sa douleur. Ida Ferenczy, derrière elle, pleure. Et toujours par les fenêtres, les glas se répondent lentement.

A l'entrée de la crypte, comme pour tous les Habsbourg qui y pénétrèrent, c'est à chaque fois le même rituel : un étrange dialogue rappelle le monde des vanités, l'égalité de tous, fussent-ils des Habsbourg, devant l'éternité. Le chambellan qui marche devant le cercueil frappe. De l'intérieur de la crypte, une voix se fait entendre :

– Qui veut entrer ?

– Son Altesse Impériale et Royale, le très sérénissime prince impérial, l'archiduc Rodolphe.

– Qui est-ce ? Nous ne le connaissons pas.

Le chambellan frappe encore et de l'intérieur, la même voix répond :

– Qui veut entrer ?

– L'archiduc Rodolphe.

– Nous ne le connaissons pas.

Une troisième fois, le chambellan soulève le lourd heurtoir de la porte :

Et la même voix répond :

– Qui veut entrer ?

– Un pauvre pécheur.

– Qu'il vienne alors.

Et la porte cloutée s'ouvre aussitôt, laissant passer le catafalque recouvert de fleurs.

Le cérémonial est ici dénué de toute pompe. Les paroles des moines ne font aucune concession à la famille impériale. Rodolphe est un humble, un pécheur comparable à tous les hommes de la terre. Et rien ne rappellera sa vie temporelle. François-Joseph est seul. Sissi loin de lui comme toujours elle le fut dans presque toutes les circonstances de leur vie n'est pas là pour le soutenir ni Mme Schratt dont la bienséance exigeait qu'elle ne fût pas auprès de l'empereur dans un pareil moment. Il se sent ruiné, soudain très vieux, appartenant à un monde différent de celui qui vient, il sait qu'il n'a pas les clefs pour commencer le siècle qui arrive, et cette chance qu'il avait de détenir un fils moderne, il en comprend maintenant l'étendue de la perte. Des larmes coulent enfin de ses yeux, heurtent ses grosses moustaches, glissent entre elles. C'est une des rares fois où François-Joseph laisse tomber son masque d'empereur. L'implacable mécanique qu'il avait appris à être s'effondre soudain. Il n'est plus qu'un homme à qui le pouvoir échappe.

Rentré à la Hofburg, il s'obstine à vouloir cacher la

vérité de Mayerling. Il n'y a pour lui que cette embolie qui saisit Rodolphe et le terrasse dans la nuit. Mary Vetsera n'existe pas. Elle n'a jamais existé.

Il veut que le mystère demeure : il manigance des projets, échafaude des plans. Donne à sa police des ordres pour surveiller les agissements des journalistes, les colporteurs de nouvelles, les rumeurs dans les salons et dans les ambassades. La famille Vetsera devra être particulièrement épiée. Il faudra acheter à n'importe quel prix leur silence. Observer l'emploi du temps de la baronne Hélène Vetsera quand elle rentrera de Venise. Car c'est surtout elle qui inquiète François-Joseph. Sa façon de s'être introduite à la cour, son arrivisme coutumier, ses paroles trop affranchies des usages protocolaires peuvent être une source d'ennuis, car Dieu sait si elle ne révélera pas elle-même le scandale.

Déjà, il pense que Mayerling devra être rasé, qu'aucune trace visible de ce lieu maudit ne devra subsister.

Déjà la mémoire de Mayerling naît dans l'invisible.

Des informations se répandent toutefois dans le pays. Des journaux allemands diffusent l'incroyable nouvelle : « La baronne Vetsera dont la mort brutale a été annoncée à Vienne sans rencontrer de démenti aurait été enterrée jeudi dernier au cimetière de Heilingenkreutz à une heure de Mayerling. La jeune fille serait donc morte en même temps que le prince héritier », écrit le *Berliner Tagblatt* le 6 février. Le 8, le *Munster Neusten Nachriten* reprend l'information : « Rodolphe a tiré sur Mary puis a tourné l'arme contre lui, dans le meilleur style romantique viennois ». L'empereur ne peut plus contenir la vérité : elle se libère violemment, se déploie ornée de l'imagination de tous; on se porte en excursion à Mayerling, on fouine à travers les pierres tombales du cimetière de Heilingenkreutz. Peu à peu, l'histoire devient légende. Plus l'État veut bâillonner le drame, plus il prend des proportions romanesques, frappant les esprits, comme si le peuple soudain avait besoin de ses martyrs pour supporter le poids de sa propre existence, besoin d'idéaliser l'amour pour mieux échapper à ses médiocrités, à ses petitesses. L'opinion prend Mary en charge, se révolte contre le traitement qui lui a été infligé, les langues se délient, on ne l'appelle plus que « la petite Mary » ou « la pauvre Mary ».

A peine plus tard, on rase Mayerling. On ensevelit le secret de Mayerling. D'énormes travaux de terrassement commencent. On rend à la terre le pavillon de chasse. Les murs s'écroulent, les tuiles d'ardoise glissent et se détachent de leurs solives, les charpentes grincent et se brisent. Le parc lui-même est anéanti. Les bêtes qui y logeaient sont parties dans la nuit, loin dans les forêts. On a fait repousser plus loin les bauges et les nids, les buissons où elles se terraient et s'accouplaient. Comme on n'a pas attendu le dégel pour commencer les travaux, il faut souvent casser la glace, briser les flaques gelées, ménager des chemins de terre et de sel dans le parc pour mieux passer.

Ordre de l'empereur est donné pour que soit édifié à la place de Mayerling un couvent qui abritera une communauté de carmélites. A l'emplacement précis de la chambre mortelle, une église de style gothique sera construite. Les chants constants des moniales feront expier ce qui, aux yeux de la monarchie, est l'horrible forfait de Rodolphe. Des psaumes incessamment répétés chaque jour et dans la nuit tâcheront d'éclairer de leur lumière la nuit de Mayerling. Des bouquets de camélias sont cependant religieusement apportés à « la petite Mary ». Sa mère, la baronne Hélène, obtient enfin l'autorisation de faire ériger une sépulture décente. Sur la pierre tombale, elle fait graver ces mots : *Wie eine Blume sprosst der Mensch auf und wird gebrochen*, une pensée du Livre de

Job qui rappelle le temps si court de Mary sur la terre : « L'homme, comme la fleur, naît et se fane »...

Quelques jours après l'enterrement de Rodolphe, le 9 février, Sissi ne dort pas dans la nuit. Elle ne peut oublier Rudi, l'horrible fin de son fils. Elle a depuis aujourd'hui une énergie nouvelle et secrète qui la pousse à un dessein singulier. Toutes ses dames de compagnie l'ont enfin laissée seule, Valérie, sa fille qui ne la quitte plus guère, est sortie elle aussi à la demande de l'impératrice qui prétexte une grande fatigue. Dans le secret de sa chambre, elle se rhabille. Porte à sa tête une longue écharpe sombre qui la rend inconnue aux yeux de tous. Elle se faufile dans les couloirs de la Hofburg, emprunte une porte dérobée, sort dans Vienne, hèle un fiacre et se fait mener à la crypte des Capucins. Le froid l'a saisie. A cette heure de la nuit, les passants sont rares ou bien marchent hâtivement pour échapper à la bise qui souffle, des carillons sonnent minuit.

Elle arrive enfin devant la lourde porte des Capucins. Y sonne avec détermination. Un moine ouvre l'énorme judas, lui demande ce qu'elle veut à cette heure si tardive. Elle dit qu'elle veut voir le père abbé. Qu'elle est l'impératrice Elisabeth. En disant cela, elle soulève sa longue écharpe noire, laisse apparaître son visage connu de tous, si mince, si lourd de détresse. Elle le presse d'ouvrir, d'obéir à sa supplique. La porte s'ouvre lentement. La laisse entrer. Elle dit encore qu'elle veut descendre dans la crypte, se pencher sur son fils, prier auprès de lui.

Elle y descend, accompagnée des torches qui éclairent mal les marches qui y mènent. Un moine la précède, guide ses pas. La torche vacille, jette des ombres sur les murs. Elle reconnaît avant même qu'on la lui montre la dalle où repose Rodolphe. Le moine silencieusement s'éloigne, la laisse seule avec son fils. Un silence terrible pèse dans la crypte. Sissi s'agrippe au sarcophage, remarque, ses yeux pleins de larmes, le petit bouquet de perce-neige flétris qu'elle avait demandé qu'on déposât sur son cercueil. Elle reste longtemps accrochée à la pierre, une demi-heure, peut-être plus.

Dans sa tête, basculent des images, des images du temps passé où elle avait eu envie de porter Rodolphe dans ses bras, de l'emmener faire ses premiers pas, de le voir courir dans le parc, de lui donner à manger. Mais rien de tout cela n'avait eu lieu. On lui avait arraché Rudi et voici qu'elle le retrouvait maintenant, couché sur son lit de pierre, pas un drap pour le border, pas une couverture à remonter, pour qu'il ne prenne trop froid la nuit, plus son grand visage à caresser, à lisser comme on lisse le visage tendu d'un enfant. Alors elle crie soudain, déchire le silence de marbre de la crypte, crie par deux fois : « Rodolphe, Rodolphe, reviens! » Mais elle attend en vain la réponse.

Seul l'écho de sa voix qui s'abîme dans la pierre, la heurte sans la pénétrer, sans se faufiler jusqu'à lui, le petit Rudi muet, cloîtré dans son cercueil plombé avec son visage refait à la cire, sa tête tremblante au repos à présent, et plus rien que le grand et vaste sommeil solitaire. Elle quête bien une réponse, un petit filet de voix qui lui répondrait : « Maman », comme elle s'est si rarement entendu appeler, mais peut-être que maintenant il l'appellerait, il lui dirait de l'aider dans son immense nuit, de lui donner quelque lumière pour avancer dans ces ténèbres si obscures, peut-être la voix de l'âme s'insinuerait-elle jusqu'à elle, lui murmurerait-elle doucement des paroles tendres de vie, des mots qui diraient qu'elle ne vit pas ce cauchemar horrible. Elle attend encore, capte le moindre bruit, mais rien que ce silence épais, pas même les fleurs qui respirent, coupées, en gerbes, couchées elles aussi...

Elle quitte donc la crypte, remonte à la lumière, éplorée

et livide dans son manteau de voyage, noire comme un oiseau prophétique, anormalement belle, diaphane à faire peur. Elle a voyagé depuis longtemps, appris la force de la fatalité, les destins tragiques de ses proches, mesuré toute la vanité des grandeurs de ce monde, mais elle sait maintenant une chose de plus, qu'elle est morte intérieurement, qu'il n'y a plus rien à espérer de la vie, que tous les gestes qu'elle fera désormais, les voyages les plus lointains ne seront pas pour oublier mais pour user le temps qu'il lui reste à vivre. Il faut attendre que la mort veuille bien d'elle, sans l'appeler de toutes ses forces, car elle en connaît les facéties et les caprices, mais gaspiller le temps qui vient, parce que plus rien ne compte, ni le jour qui se lève sur les îles grecques et dont elle admirait les couchants somptueux, ni les marches solitaires dans les chemins de montagne, ni les haltes heureuses avec les bergers. Elle errera, ira d'un bout du monde à l'autre, attendra son heure sans impatience, car elle vient d'apprendre qu'il y a un moment dans la vie des êtres où ils sont déjà morts, où déjà ils ne s'appartiennent plus ni ne gouvernent leur marche, mais sont partis dans la nuit obscure, dans les puits les plus profonds où s'explique et se dilue la condition humaine. Elle sait qu'elle n'est plus désormais l'impératrice de l'Autriche-Hongrie mais ce petit oiseau fragile et perdu, exilé et migrant de continent en continent, auquel plus rien ne se rattache, et qui bat des ailes inutilement, volant dans l'univers insensé des hommes qu'elle ne reconnaît plus. Brisée, elle se fait reconduire à la porte. On lui hèle un fiacre. Elle s'y engouffre. A l'intérieur de la voiture, il fait une nuit très noire, la bougie est éteinte, mais qu'importe. Elle ne demande pas même à la rallumer. Elle se fait conduire à travers les rues de Vienne, indifférente à la vie qui poursuit son cours, ailleurs et de nulle part, perdue.

Elle ne sent pas davantage le froid qui est tombé encore plus fort sur la ville, enrobe tout l'air qui l'entoure, semble figer les édifices monumentaux qui l'ornent. Elle imagine que tout ici n'est que décor de carton-pâte. Elle roule dans la nuit. Elle entame sa route solitaire, celle qu'empruntent les âmes déjà mortes.

La mort continue son œuvre de mort. Elle ronge l'âme de Sissi, plus errante que jamais. Elle n'est presque plus présente à la Hofburg, laissant le champ libre à Mme Schratt qui s'acquitte de sa mission avec dévouement et fidélité. Sissi prend conscience qu'elle porte aussi malheur à ceux qui l'entourent. Des accidents étranges surviennent en sa présence; sa suite, terrifiée et persuadée qu'une malédiction pèse sur l'impératrice, redouble de vigilance, s'attache à des signes, préjuge de coïncidences.

On rapporte même que Sissi, folle de douleur, sombre dans une sorte d'hébétude. Elle régresse, revient aux temps des nourrices, ceux qu'elle n'a guère connus. On la surprend assise, prostrée, sur un banc, dans le parc, berçant un traversin, l'appelant son bébé. Elle dit que c'est Rodolphe qu'elle câline...

Puis elle décide de partir. Les étapes de son périple passent par Palerme, Tunis, Alger, Oran, Malte, Cagliari, et partout le même ennui qu'elle traîne avec elle, poisseux et vide de sens. Les petits matins émerveillés à voir se lever le soleil sur les îles sont des moments révolus. Même le rêve grec auquel elle s'était tant adonnée lui paraît dérisoire et lointain. Elle cherche à retrouver Rodolphe par tous les moyens et souvent le soir, on l'entend l'appeler. Sur un steamer danois, le *Chazalie,* elle appareille. Elle traverse la Manche déchaînée. Elle ordonne qu'on l'attache à un des mâts. Ficelée, dans le vent et la tempête, mouillée des embruns de la mer mais comme lavée par elle, elle crie : « Rodolphe, Rodolphe! » Tragique, la voix parvient aux oreilles de l'équipage et de sa suite consternée. Elle reste plusieurs heures ainsi appelant la mort, demandant à la vague qui se soulève comme une bête rugissante, à l'écume, au vent de l'emporter enfin avec eux. Elle se souvient de Heine, le poète qu'elle aimait tant et qui se noyait lui aussi dans les éléments.

Dans la furie des eaux glapissantes, elle halète, ravale son souffle, gémit et, lavée des eaux de la mer, elle mêle ses pleurs aux vagues qui la fouettent et l'inondent.

Les noms de « Rodolphe », « Rudi », « mon petit Rudi » se perdent dans la nuit furieuse et rejoignent le trou béant où se mêlent les éléments, où les hommes n'ont plus autorité pour les maîtriser, mais cherchent désespérément à en comprendre les origines et les mouvements. La suite de Sissi, haletante, regarde l'étrange figure de proue attachée à son mât et qui fend, douloureuse et ardente, les paquets de mer grise qui se cassent et se contorsionnent avec rage. Quand vient enfin l'accalmie, on détache Sissi. Elle descend sur le pont, ivre et hébétée, trempée jusqu'aux os, frissonnante.

– Mais vous pleurez, Majesté, vous pleurez ? Mais pourquoi ? Pourquoi ? interroge Ida Ferenczy.

– C'est affreux, ma chère Ida. Il n'y aura donc jamais de fin à ce calvaire ? Jamais de repos, jamais de paix ? J'ai voulu me saouler des forces de la vie. Entrer dans elles jusqu'à me blesser, jusqu'à m'anéantir. Mais rien, elles ne veulent pas de moi. Maudite, Ida, je suis maudite. C'est que j'aurais voulu retrouver Rudi. Aller à sa rencontre, me noyer pour que mon âme puisse enfin se détacher de moi. Mais voyez, même amaigri, même frileux, ce maudit corps ne me lâche pas. Il faut que je reste ici, avec vous tous. Mais c'est ailleurs qu'il me faut aller, ailleurs, vous comprenez ?

Alors elle continuait sa quête insatiable. Elle soumettait sa suite à ses caprices de plus en plus excentriques. Elle forçait son corps à des disciplines qui faisaient craindre pour sa santé physique et morale. On chuchotait qu'elle perdait la raison. Aussi en profitait-elle pour tyranniser son entourage; elle ne regardait plus les détresses des autres, mais uniquement concentrée sur elle-même, elle s'étudiait, s'analysait, se perdait dans des rêveries qui la menaient au désespoir.

Toujours vêtue de noir, elle maigrissait à vue d'œil, serrait toujours plus sa taille, obligeait ses dames de compagnie à faire de même. Elle faisait encore du trapèze au risque de se rompre les reins. Habillée d'un fourreau qui se prolongeait d'une traîne gansée de plumes noires, elle se livrait à des figures audacieuses et dangereuses. Provocante et narcissique, elle n'avait plus de cœur à entreprendre un quelconque projet. Les jours passaient et elle éprouvait l'inertie de son être. Mayerling avait rompu un équilibre précaire et fragile. Il lui semblait que ses jours à venir s'étaient comme perdus dans l'agonie de Mayerling. Qu'avec Rodolphe, beaucoup d'elle-même était aussi parti. Plus rien ne comptait. Et surtout pas Vienne qu'elle délaissait plus que jamais. François-Joseph en avait pris son parti. Mais lui aussi se savait menacé et détruit. Il s'occupait d'expédier les affaires courantes, n'avait plus aucun dessein pour son royaume et laissait les nationalistes allemands gagner du terrain. Il voyait dans Mayerling la prémonition de la fin de son propre règne. Lui qui avait toujours refusé de prêter attention aux superstitions dont l'accablait Sissi – « des balivernes, des imaginations de femme », prétendait-il – commençait à y croire. La Hofburg prenait des allures de veillée funèbre permanente, et il ne pouvait pas ne pas sentir le poids du destin cruel sur les siens. Les décombres de Mayerling lui disaient la fin prochaine et les ciels d'orage lui faisaient peur. La vie de cour avait cessé d'être brillante, comme autrefois. On n'y voyait plus cette folle gaieté qui animait les bals, cette frénésie de vivre qui s'emparait de toute la ville, cette euphorie qui l'avait rendue si célèbre en Europe. La musique prenait d'autres accents, plus tragiques, plus angoissés. Les sautillements auxquels les musiques viennoises avaient obligé les danseurs semblaient se perdre dans un silence malade. La fin du siècle s'achevait dans le doute et le désespoir. Les contestations s'amplifiaient, on ne croyait plus en la monarchie autocratique. « Les chevaliers de l'esprit » ainsi que les appelait, en ardent libéral, Rodolphe, ceux qui regardaient de l'autre côté du siècle, faisaient silencieusement leur chemin. Avec effroi, François-Joseph se souvenait de son fils, et de ses visions qu'il méprisait alors. N'était-ce pas lui qui lui avait dit, lors de leur dernière entrevue, orageuse et fatale : « L'idée monarchique n'est qu'un fantôme. Elle a perdu tout son prestige au regard des peuples qui ne lui témoignent plus qu'indifférence et mépris. Assurément, elle a rendu autrefois de grands services. Tant que les peuples n'étaient que des troupeaux dociles, tout allait bien. Et encore! Mais aujourd'hui, l'homme est émancipé. Il entend se gouverner lui-même. C'est pourquoi toutes les monarchies ont actuellement l'aspect misérable et si délabré. A la prochaine tempête, les ruines mêmes s'effondreront. »

Il est vrai que malgré l'élan que Vienne avait connu dans les années 1840-1880, la ville prenait figure de spectre et de malade. On sentait l'odeur de la lèpre sur ses murs et de la panique la parcourait comme un frisson. Mayerling avait soudain fait prendre conscience de la fragilité du pouvoir et l'attitude même de l'impératrice pour laquelle le peuple avait eu jusqu'ici la plus grande indulgence commençait à l'inquiéter. Sa personnalité étrange et fantasque devenait extravagante. Elle semblait souvent délirer et divaguer de sorte qu'elle paraissait incarner le pouvoir chancelant de l'empire. On observait ses faits et gestes avec moins de tendresse, et plus d'angoisse, comme si la douleur de la reine devenait celle de ses sujets. Sissi leur renvoyait un miroir terrible et douloureux. Elle était consciente des plaies de l'âme, des angoisses qu'elle sécrète mais s'acharnait à se préoccuper du paraître. Rien ne l'attachait tant que sa toilette et son aspect extérieur. Elle s'obligeait à se ceindre de linges mouillés, la nuit, pour garder, disait-elle, la taille plus fine, avalait des mixtures étranges pour demeurer mince, marchait des journées entières dans les bois laissant derrière elle ses dames d'honneur épuisées que des chaises à porteurs venaient récupérer. Elle faisait tout avec une rage qui frôlait le désespoir et son activité d'autrefois qui faisait sourire devenait de l'agitation morbide. Elle ne cessait de répéter qu'elle attendait son heure. Les siens disparaissaient inéluctablement avec une régularité qui ne lui échappait pas : elle disait, fataliste, que la Dame blanche ne les lâcherait jamais. Qu'elle avait fait son nid chez eux et qu'elle les détruirait jusqu'au dernier. Elle apprit avec terreur la mort de sa sœur Sophie, la duchesse d'Alençon. Sa mort horrible dans le Bazar de la Charité en 1897 lui confirma la malédiction. Elle s'imagina avec son tempérament poétique et romanesque la fuite éperdue de cette jeune sœur à travers les comptoirs en proie aux flammes, essayant d'atteindre la sortie et ne le pouvant pas, se résignant tout en priant à se faire dévorer par le feu. Elle vivait désormais dans l'attente de son propre tour. Les voyages ne la satisfaisaient même plus.

La rade ensoleillée d'Alger ne l'éblouissait plus, ni les aubes si bleues sur la mer Égée. Elle disait que la mort « l'accompagnait jour après jour ». « Elle fait l'office du jardinier qui nettoie le jardin mais qui veut être seul et s'irrite si des curieux regardent par-dessus le mur. Ainsi, je cache mon visage derrière mon ombrelle et mon éventail pour que l'idée de la mort puisse travailler paisiblement en moi. » [1]

Le lent travail de la mort se faisait avec une assiduité exemplaire. Elle le déjouait autrefois en aimant si intensément la vie, ses naissances toujours renouvelées, chaque matin, ses crépuscules, ses feintes de mourir, dans le voile sombre qui, tout à coup, obscurcissait les temples grecs et les rendait à la nuit, ses promenades effrénées dans les bois, ses bouquets de fleurs qu'elle aimait particulièrement composer. Mais peu à peu ces joies si particulières pour une souveraine soumise au protocole le plus absurde et le plus strict s'évanouissaient et la laissaient sans goût. Elle étudiait cette idée de la mort qui s'insinuait et la grignotait comme un cancer. Elle se disait un jour : « Tiens, je n'éprouve plus rien pour ce paysage; la

1. Cité *in Elisabeth d'Autriche ou la fatalité*, de Jean des Cars. Librairie Académique Perrin, page 460.

villa grecque ne m'intéresse plus; les oiseaux de Madère ne sont plus renouvelés dans ma volière de Schönbrunn... » C'était à ces petits détails qu'elle voyait la mort approcher. Elle continuait cependant son errance mortelle. En 1898, elle partit pour Genève. Descendue à l'hôtel du Beau-Rivage, où son cher fils avait lui-même séjourné, elle goûtait les charmes paisibles de la Suisse. Les rougeurs de l'automne n'avaient pas commencé quoique l'on fût en septembre et le temps était radieux. Des pressentiments douloureux la perturbaient. Reçue en grande pompe par les autorités helvétiques comme par la baronne Julie de Rothschild à Prégny, dans une villa si doucement luxueuse, elle pensait malgré tout à la mort et se plaisait à écrire que « son âme s'enfuirait par une toute petite ouverture du cœur. » [1] Elle n'aurait su mieux dire...

Le 10 septembre, elle veut prendre le vapeur pour Caux. Elle se hâte avec son amie et dame d'honneur, la comtesse Irma Sztaray. Sur le quai du Mont-Blanc, à cette heure-ci de la journée – il est une heure de l'après-midi – il n'y a personne. Une légère brise vient faire frissonner les larges marronniers de l'allée. Au loin, les Alpes se découpent, blanches et bleues. Elles croisent un jeune homme fort pressé, s'écartent pour le laisser passer. C'est Luigi Lucheni.

Sissi ne remarque pas qu'il a une sorte de petit stylet bien effilé entre les doigts. Soudain, Lucheni se jette sur l'impératrice, plante l'arme dans son cœur. Sissi s'effondre. Mais aucune trace ne paraît. Irma, qui n'a pas vu le geste de l'assassin, croit à un malaise, demande du secours. Il arrive. On se précipite autour de l'impératrice, on lui donne à respirer des flacons de menthe vive, on tapote ses joues soudain très pâles, comme si tout le sang se retirait, refusait d'irriguer son beau visage. Quand le médecin arrive, on dégrafe son corsage. Une toute petite pointe de sang coagulé tache le cœur.

1. *Op. cit.*, p. 461.

– Mais c'est un assassinat. On a assassiné l'impératrice. Au secours, au secours!

Cependant, l'hémorragie poursuit son cours, implacablement, en silence. Le sang se répand partout, mais mal, emprunte des voies inhabituelles, tortueuses, il bute contre des vaisseaux, heurte des organes, ne coule plus, fluide et souple, dans les voies normales.

Sissi entre doucement dans un vaste sommeil. Elle a le temps de dire, doucement, dans un souffle :

– C'est la fin, avec moi, c'est la fin.

La chaleur s'accroît avec l'après-midi. La nouvelle se répand dans Genève. La ville entière est bouleversée. Les magasins ferment leurs rideaux. Un glas parcourt, sombre et lent, la ville, de clocher en clocher; il se répand, annonce le malheur. A Vienne, l'empereur poursuit sa tâche. Il vient justement d'écrire à l'impératrice, lui disant combien il se languit d'elle. Il ne sait pas où la lettre lui parviendra, tant il est habitué à ses sautes d'humeur. Mais avec une fidélité peut-être trop maniaque, il lui écrit chaque jour, donnant ainsi à son couple l'illusion d'être commun et normal.

L'empire se fissure de partout. Avec Sissi qui meurt, c'est tout un monde qui s'engloutit, se noie comme les perles qu'elle possédait, blanches, grises, roses, noires et qu'elle faisait mettre dans de petits coffrets grillagés comme des nasses puis qu'elle plongeait dans la mer pour raviver leur nacre. Après sa mort, plus jamais personne ne retrouvera ses bijoux. Perdus dans les fonds marins, connus d'elle seule...

Dans les bureaux de la police, Luigi Lucheni ne cherche pas à se disculper. Ses petits yeux noirs et haineux brûlent d'une passion intérieure terrible et dévastatrice. Il en veut à tous les grands de la terre et a tué celle qui n'en voulait pas être. Anarchiste solitaire et fanatique, il jure de recommencer et son poing se serre comme s'il détenait encore le poignard de sa fabrication.

Un nouveau monde qui travaillait comme les taupes, secret et obscur, se lève. La révolution industrielle, les immenses fortunes édifiées sur le dos des pauvres, les parvenus *up to date* comme on disait alors pour « faire plus snob » ont sécrété leur propre malheur. L'empire, complice, n'y peut plus rien. François-Joseph ne fait que constater les progrès de la subversion en consultant les dossiers de sa police, mais plus rien ne les arrête. Les artistes eux-mêmes ont versé dans l'autre camp. Finis ces artistes complaisants, artisans du pouvoir, le consolidant en apparence par leurs musiques, leurs sculptures, leurs peintures et leurs romans. L'inquiétude, l'étrangeté comme dit le docteur Freud apparaissent en déstabilisant le pouvoir en place. Mayerling a comme ouvert les vannes d'une révolte intérieure longtemps contenue. Plus rien ne peut l'arrêter. Il n'est pas jusqu'aux immensités boisées de la forêt viennoise qui ne succomberont bientôt aux outrages du temps et de la guerre. Le champ de foire du Prater s'effondrera sous les coups des bombardements et sa grande roue qui faisait la joie des Viennois croupira plus tard dans un amas de ferrailles et de gravats.

Les artistes de Vienne ensevelis par l'autorité impériale laissent libre cours à leur imagination délirante et visionnaire. Ils veulent tous, Egon Schiele, Gustav Klimt, Oskar Kokoschka, Josef Hoffmann « forcer la trappe profonde et oubliée de l'âme ». Refusant violemment l'académisme, ils imposent aux Viennois une nouvelle façon de voir et de sentir. Contre les afféteries de la peinture de cour, ils veulent faire émerger les forces de l'instinct, les détresses de l'être, la lutte de l'amour et du désir contre la mort, omniprésente et ravageuse. Ils peignent le regard perdu et égaré de ces nouveaux hommes déconcertés par un monde qu'ils ne reconnaissent pas et dans lequel ils ne savent pas s'adapter.

Il y a dans leurs dessins des éraflures, des cicatrices, des blessures, des agonies visionnaires et prémonitoires. Ce qu'avaient ressenti en eux-mêmes, au plus lointain de leurs corps, Rodolphe et Mary. *Le Couple* que peint Kokoschka comme *le Baiser* de Klimt rappellent leur tourment, leur grand départ vers des mondes inconnus et mouvementés.

Tout se passait comme si Vienne avait trop longtemps usé de fards et de mensonges. Elle devenait à la fin du siècle, désabusée et malade. Lieu même de l'observation clinique de Freud. Ville hystérique, Vienne vivait dans la simulation et la théâtralité. Sans cesse, elle avait voulu donner le change, déplacer sa vraie raison d'être. A force de jouer, elle ne pouvait plus cacher ses plaies et ses symptômes. C'est cela que peignaient les nouveaux artistes. Après avoir joué la joie de vivre, Vienne avouait son agonie et ses artistes n'avaient plus qu'à reproduire à présent ses douleurs.

Capitale de la musique, elle le demeurait, mais de nouveaux rythmes l'habitaient. Mahler, Schonberg, Bruckner, Alban Berg soupçonnent d'autres territoires où la mort côtoie le désespoir. Une sensibilité aiguë à l'extrême rend soudain leur musique douloureuse et exprime l'agonie de Vienne et l'arrivée d'un siècle terrible.

La double monarchie balbutie encore un peu mais le coup fatal lui fut porté à Mayerling puis à Genève.

François-Joseph, dans son cabinet de travail, médite sur la dynastie dont il est le dernier représentant. Il se souvient de cette sculpture étrange et baroque qui trône dans la crypte des Capucins où sont enterrés les siens : cette tête de mort drapée comme peut l'être une tête de vivant et qui soutient la couronne impériale sertie de pierres précieuses et surmontée d'une croix. Que regardent donc ces deux orbites larges et vastes comme des mappemondes, quel monde inconnu fixent-elles ? Quel mépris de l'homme ce nez sans narines, ouvert au-dedans des organes, ces maxillaires édentés révèlent-ils ? Il balaie d'une main le dossier qu'il étudie et il pense soudain que tout est dérisoire, perdu d'avance et que ses efforts de tant d'années furent vains et sans effet. Il se prend à envier l'errance inconnue de Sissi et de Rodolphe dans la nuit noire de la mort. Il voudrait avoir les yeux aussi largement ouverts sur elle comme les orbites immenses du crâne sculpté.

Il y avait quelque chose de maniaque et de fou à vouloir cacher Mayerling. François-Joseph avait mis à cette tâche, son énergie et son pouvoir. Mais plus il voulait cacher la vérité, plus la vérité devenait légende. Plus il voulait séparer les amants maudits, plus ils se retrouvaient ensemble, unis dans les imaginations et les désirs enfouis des hommes. Car ce qu'il ne put détruire, c'est le besoin qu'ils ont de s'assimiler à d'autres. Rodolphe et Mary incarnaient ce que ses sujets sans histoire ne pouvaient vivre et n'avaient pas le courage d'accomplir. Mayerling devenait par procuration la réalité des désirs les plus fous des hommes tant il est vrai que l'amour, un jour ou l'autre, est confronté à la mort et que le désir ultime est de partir avec l'être aimé ailleurs, nulle part, mais avec lui.

Trop de secrets entretenus n'eurent pour effet que de raviver le drame et de le rendre mythique. Il le devint réellement. Mayerling sonne à l'oreille des hommes comme le lieu de l'amour vaincu et vainqueur à la fois, totalement accompli malgré les exigences du monde. Mayerling, c'est la victoire de l'amour, malgré tout.

Dans sa troisième symphonie, Mahler inséra un verset du *Zarathoustra* de Nietzsche qui commençait par ces mots : *O Mensch Gig acht! Was spritch die tiefe Mitternacht! :* Homme! écoute! Que dit Minuit profond ?

C'est parce que Rodolphe et Mary eurent le courage d'écouter la voix de Minuit profond qu'ils sont toujours vivants dans la mémoire collective.

Que leur disait-elle cette voix lointaine ? Elle leur disait que nul amour ne peut se vivre sur la terre humaine, que tous les gestes qui l'accompagnent ne sont que des simulacres désespérés pour atteindre le vrai bonheur, que sitôt a-t-on cru connaître l'aimé au plus profond de sa chair, le leurre se révèle dans sa solitude et sa nudité, que nul ne peut prétendre éterniser le bonheur de quelques instants et que seules la mort et l'obscure nuit qui l'accompagne peuvent encore faire espérer quelque certitude nouvelle.

Mayerling, loin des fastes dorés de la Vienne impériale, caché dans les bois sombres et profonds, disait déjà ce secret : le silence des bêtes qui y vivaient, la touffeur noire de ses bois, l'épaisseur de la neige qui retenait tout comme un cri, avaient quelques traces de l'autre monde.

« Mary-Chérie », comme l'appelait Marie Larisch, malgré ses coquetteries d'enfant gâtée, ses goûts douteux pour les mauvais romans français, sucrés et sentimentaux comme ceux de Gyp, ses toquades pour les japonaiseries, ses heures passées devant sa coiffeuse sertie de nacre à natter ses cheveux, à les piquer de bijoux et de strass, avait cependant compris les accents des lieder de Brahms qu'elle aimait par-dessus tout. Ils parlaient d'amour unique et de grands départs, des impossibles unions sur la terre. Partout le spleen que le poète français Baudelaire avait mis à la mode faisait ses ravages. Une part d'elle-même y avait succombé. Le spleen, elle en avait senti les premiers symptômes quand elle sut que Rodolphe ne pourrait jamais être à elle et le manque s'installa. Le spleen, c'était aimer, sentir Rodolphe entrer en elle et ne pas pouvoir le garder. Le spleen, c'était, comme disait le poète, avoir soif de l'ailleurs « enfer ou ciel, qu'importe, pourvu que ce soit du nouveau ».

Les obscurités volontairement manigancées par François-Joseph font rouvrir chaque décennie le dossier de Mayerling et toujours la même passion s'empare des lecteurs avides d'en savoir davantage sur la nuit terrible. Les révélations les plus fantaisistes succèdent à celles plus troublantes de l'impératrice Zita qui déclare tout de go que Rodolphe et Mary furent en fait assassinés. Mais malgré l'importance d'une telle nouvelle, la thèse du double suicide passionnel reste tenace. On n'effrite pas aussi vite les légendes et les mythes. La mémoire des hommes conserve, intacte, la mort des deux amants et nul ne pourra la leur enlever. L'énigme toujours aussi vive aiguise davantage le mythe et le sert au contraire. On dit encore que seules les archives du Vatican détiennent la vérité et qu'en conséquence, il n'y a aucune chance qu'elle soit exhumée.

On ne voulut rien retenir de Mayerling. On voulut tout détruire. Vaines entreprises. La nuit de Mayerling a capturé ses amants et les a menés dans ses vastes demeures. Mais elle a laissé percer au grand jour, dans la lumière étincelante de l'histoire, leurs préparatifs ultimes. La nuit, ce soir-là de janvier 1889 était plus froide que jamais, les ténèbres plus obscures, la route qu'ils se préparaient à emprunter plus profonde que les puits les plus noirs, mais dans leurs noces tragiques, rutilait le grand feu de l'amour, ravageur et brutal.

Aujourd'hui donc, les psaumes des moniales sont chantés chaque jour avec une rigueur qui arrête le temps. Les différents moments de la liturgie se répètent avec une obstination presque déconcertante comme si les années, les guerres, les pouvoirs politiques n'avaient aucune prise. A l'emplacement exact où Rodolphe et Mary se sont aimés, où leurs corps se sont étreints si passionnément, jusque dans le sursaut final de la mort surgissant, les religieuses prêtent aussi des serments d'amour à leur Dieu.

Mais rien ni personne n'effacera la mémoire de leur passion. On aura beau tenter de changer le décor. Rien n'y fera.

On croira toujours entendre à la lisière des bois de Mayerling soupirer d'amour la petite Vetsera qui mourut d'avoir trop aimé, on croira entendre le roulis de la berline anonyme qui l'emporta, et les grands cris d'essieux de la voiture qui la ramena, morte, entre ses deux oncles.

Plus sourdement, presque comme dans un rauque murmure, on entendra aussi le raclement que faisaient ses pieds si fins et inanimés sur la neige.

Ce seront bien sûr des bruits de mémoire. Mais ils tiennent bon à Mayerling. La nuit si dure du drame les aura conservés pour toujours.

Peut-être encore pourra-t-on percevoir, malgré le gel qui durcit toutes choses, le dernier dialogue d'amour qu'ils se seront tenu, dans la chaleur moite de leur chambre et dans l'odeur persistante des roses fanées, paroles d'amour qui jamais ne se perdront dans la nuit, mais se répètent sans cesse comme une litanie.

Et ce dialogue parlait du grand secret que cachent les jours et les nuits, des beautés qu'ils tendent pour mieux nous tromper, des séductions d'une autre nuit, plus longue et dont on ne revient jamais. Quelquefois encore, ce dialogue s'interrompait pour laisser la place aux baisers, aux caresses sur les corps jeunes et chauds, aux salives qui s'échangeaient.

Les bêtes frileuses de Mayerling connaissent bien ce dialogue qu'elles entendirent il y a longtemps et les bois aussi qui les écoutaient.

Les pierres elles-mêmes autrefois si porteuses de la mémoire des hommes ne pourront se souvenir de rien, détruites sous les coups de pelles des ouvriers de François-Joseph. De sorte que seuls les bêtes et les bois gardent au fond d'eux-mêmes l'exacte rencontre de Rodolphe et de Mary. Ils se transmettent d'âge en âge ce qu'ils ont entendu et vu et quelquefois, mais rarement, ils en font confidence aux poètes et aux amants. Car eux seuls pourraient bien comprendre le pourquoi de Mayerling et les éclats de l'amour dans la nuit si noire.

Eux seuls ont accès aux mystères de la nuit et à l'étrange chimie de l'amour que ni la raison ni l'intelligence ne sauraient préserver des dangers et des émerveillements.

Il est probable que Rodolphe et Mary, quoique séparés dans leur lit de marbre et de terre, sont toujours unis comme les grands amants mythiques de la littérature et de l'histoire. Avec tant d'autres encore qui ont voulu connaître d'autres mondes plus denses et plus éternels, leurs âmes, détachées de leurs corps mutilés et rongés, voguent sûrement dans l'éther, dans le vaste et inexploré domaine des esprits, là où nulle forme humaine n'existe, pas plus qu'aucune construction comparable à celles qu'on voit dans notre monde, et leur amour s'exprime quand même dans ces envols auxquels ils croyaient déjà et que le poète Heine leur avait soufflés.

On imagine volontiers que Sissi les a rejoints et qu'elle les protège de ses longs châles de tulle qu'elle portait déjà à la Hofburg, piqués de fleurs de violettes et de jasmin. Quelquefois, quand vient janvier, ils volent au-dessus de Mayerling. Les plantes et les bêtes reconnaissent leur passage à cette douce lumière qui tombe sur la neige en la dorant un peu et qui soulage un instant du froid trop dur. Mais très vite, ils repartent plus haut, là où ils avaient toujours voulu aller, loin des villes et des palais, mais plus près, toujours plus près des vents, des aubes lustrales, des crépuscules et des étoiles dont ils avaient parfois pressenti la beauté et l'immensité dans leurs étreintes amoureuses, en bas, dans la fosse de Mayerling.

Bibliographie sommaire

Elizabeth d'Autriche, par Henry Vallotton, Fayard, 1957.

Les secrets d'une Maison Royale, par la comtesse Larisch von Wallersee-Wittelsbach, Payot, 1949.

La Dame Blanche des Habsbourg, par Paul Morand, Librairie Académique Perrin, 1979.

Mayerling ou le destin fatal des Wittelsbach, par Célia Bertin, Librairie Académique Perrin, 1972.

Mayerling, par Claude Anet, Grasset, 1924.

Elizabeth d'Autriche ou la Fatalité, par Jean des Cars, Librairie Académique Perrin, 1983.

Elizabeth d'Autriche, par le comte Corti, Paris, 1950.

Table

Cet ouvrage a été réalisé sur
Système Cameron
par la SOCIÉTÉ NOUVELLE FIRMIN-DIDOT
Mesnil-sur-l'Estrée
pour le compte des éditions Plon
le 20 décembre 1985

Imprimé en France
Dépôt légal : décembre 1985
N° d'édition : 11430 – N° d'impression : 3297